인쇄일 | 2011년 7월 20일 1판 1쇄
발행일 | 2011년 7월 25일 1판 1쇄

엮음 · 정명숙 | 그림 · 유니트픽쳐스
펴낸이 | 유원상
펴낸곳 | 상서각 출판사
출판등록 | 2002. 8. 22(제8-377호)
주소 | 서울시 은평구 불광동 268-5 201호
전화 | 02-356-5353
팩스 | 02-356-8828
이메일 | sang53535@hanmail.net
홈페이지 | www.ssbook.kr

ISBN 978-89-7431-444-6 63710

이 제품은 ⓒ Unit Pictures 사와의 지적 재산권 계약에 의거하여
상서각에서 제작 판매하므로 불법 복제 · 유통 · 판매시 처벌을 받습니다.

* 잘못된 책은 바꾸어 드립니다.

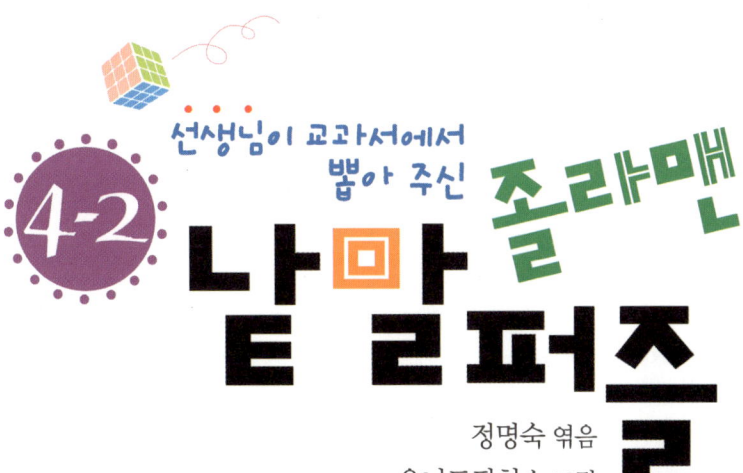

4-2 선생님이 교과서에서 뽑아 주신 졸라맨 낱말퍼즐

정명숙 엮음
유니트픽쳐스 그림

상석각

머리말

"선생님, '귀주머니'가 무슨 뜻이에요?"
"선생님, '잡곡밥'과 '얼럭밥'은 같은 말인가요?"
"선생님, '온새미'는 어떨 때 쓰는 말이에요?"

혹시 시험 문제를 풀다가 이런 질문을 해 본 적은 없나요?
쉬운 문제였는데 낱말의 뜻을 몰라서 틀린 적은 없나요?
이런 일이 있었다면 정말 속상할 거예요. 모르는 낱말 하나 때문에 시험을 망쳤으니까요.
그렇다고 한숨만 쉬고 있을 건가요?
"안 되면 되게 하라!"
선생님이 교과서에서 뽑아 주신 똑똑한 낱말 퍼즐을 풀면서 여러분의 고민을 한방에 날려 보세요!
공부하는 학생에게 제일 중요한 텍스트는 뭘까요? 당연히 교과서지요.
그래서 '국어, 수학, 사회, 과학, 도덕, 음악, 미술, 체육' 교과서에서 꼭 알아 두어야 할 낱말만을 엄선하여 네 가지 퍼즐 모형에 담아 보았어요.
그리고 12단계의 낱말 퍼즐이 끝나면 지금까지 배운 어휘를 활용하여 문제를 풀 수 있도록 하였어요. '문장의 형식, 표준어와 방언, 예사말과 높임말, 다의어와 고유어, 겹받침의 발음, 끝말잇기, 속담과 수수께끼, 우리나라 세계기록유산' 등 교과서에 단골로 등장하는 주요 요소만 골라 문제를 내었기에 교

과서를 통째로 공부하는 셈과 다름이 없어요.
　졸라맨 낱말 퍼즐로 어휘력도 익히고, 생각 키우기로 사고력도 높이고, 문제로 시험 공부도 하고 일석삼조가 따로 없네요!

　여행을 갈 때, 무료할 때, 머리가 복잡할 때, 무언가에 도전하고 싶을 때 12단계의 게임을 하듯 낱말 퍼즐을 풀어 보세요.
　아무리 어려운 낱말도 똑똑한 졸라맨이 만화로 그림으로 또 말주머니로 힌트를 주기 때문에 금방 알아맞힐 수 있을 거예요.
　졸라맨 낱말 퍼즐을 풀면서 어휘력도 향상되고 다른 공부도 잘하게 되었다는 소식이 들린다면 선생님은 참 행복할 거예요.
　더불어 세종 대왕이 만든 우리 한글을 많이많이 사랑하는 어린이가 되세요!!

2011년 5월
한글을 사랑하는 선생님 정명숙 씀.

일러두기

1. 4학년 2학기용 전 교과서에 사용된 낱말 중에서 어린이들이 처음 대하거나 어려워하는 낱말을 뽑아 낱말 퍼즐을 구성하였습니다. 그렇기 때문에 낱말 퍼즐을 하나씩 해결하다 보면 교과서와 친숙해져 학습 흥미가 커지게 될 뿐만 아니라, 어휘력이 키워져 교과서 내용을 바르게 이해함으로 문제 탐구와 제시된 과제를 쉽게 해결할 수 있으며, 자기주도적으로 학습하는 데도 크게 도움이 됩니다.

2. 낱말 퍼즐에 사용된 낱말을 교과서에서 찾아볼 수 있도록 각 문제의 끝에 교과서 과목 이름과 쪽수를 표시해 두었습니다. 한눈에 볼 수 있도록 하기 위해 교과서 과목 이름을 다음과 같이 줄여서 표기하였습니다.

    국어 읽기 → 읽, 국어 듣기·말하기·쓰기 → 듣말쓰, 수학 → 수, 수학 익힘책 → 수익, 과학 → 과, 실험 관찰 → 실, 사회 → 사, 사회과 탐구 → 사탐, 도덕 → 도, 생활의 길잡이 → 생, 체육 → 체, 음악 → 음, 미술 → 미

3. 각 문제에 낱말이 사용된 예를 제시하여 낱말의 뜻을 보다 쉽게 알 수 있도록 하였습니다.

    〈예〉 **시각장애인을 위해 만든 한글 점자.** (듣말쓰4-2, 23쪽)
      예 '훈민정음'은 세종 대왕이, '○○○○'은 박두성이 만들었어요.

4. 보다 많은 낱말을 익힐 수 있도록 하기 위해 한 낱말을 한 번씩만 사용하는 것을 원칙으로 하였습니다.

5. 낱말 퍼즐의 모형을 어린이들이 좋아하는 네 가지 동물의 모형으로 만들었습니다.

| 모형 | 나비 모형 | 고릴라 모형 | 토끼 모형 | 호랑이 모형 |

6. 낱말 퍼즐을 12단계로 단계화하였으며, 각 단계의 끝에는 '생각 샘터'를 설정, 어린이들이 눈을 돌려 짧은 이야기를 읽으며 생각과 지혜를 키우도록 하였습니다.

7. 책의 맨 뒤 부록에는 어휘를 활용하는 능력이나 표현력, 문제 해결력을 키우기 위한 문제들을 제시해 놓았습니다.

🟠 가로 열쇠

2. 끼니로 먹는 음식. (듣말쓰4-2, 111쪽)
   예) 기아에 허덕이는 아이들에게 한 끼 ○○를 줄 수 있어요.

3. '일본 제국주의'의 줄임말. (듣말쓰4-2, 25쪽)
   예) 박두성은 ○○ 강점기 때 '훈맹정음'이라는 한글 점자를 만들었어요.

6. 활활 타오르는 불꽃. (듣말쓰4-2, 33쪽)
   예) 최무선의 화포 공격에 왜구의 배는 금세 ○○에 휩싸였어요.

8. 어떤 일을 하기에 앞서. (듣말쓰4-2, 51쪽)
   예) 학급회의 주제를 ○○ 알려 주어야 해요.

9. 군인을 이르는 말. (듣말쓰4-2, 94쪽)
   예) [속담] 장수가 엄하면 ○○가 강하다.

11. 친구 사이의 정. (듣말쓰4-2, 5쪽)
   예) [격언] 참된 ○○은 앞과 뒤가 같다.

🟠 세로 열쇠

1. 행사를 끝맺을 때 하는 식. (듣말쓰4-2, 96쪽)
   예) 올림픽 ○○○의 하이라이트는 장애인 예술단의 공연이었어요.

예쁜 나비 모양의 퍼즐이랍니다.

나비가 꽃을 찾아 부지런히 날아다니듯 여러분도 열심히 정답을 찾아보세요!

▶ 정답은 18쪽에

4. **피노키오의 할아버지.** (듣말쓰4-2, 69쪽)
   예) 피노키오는 ○○○ 할아버지가 나무를 깎아 만든 인형이에요.

5. **물체의 거죽이 고르지 않은 모양.** (듣말쓰4-2, 117쪽)
   예) ○○○○한 비포장길에서 차가 덜컹거렸어요.

7. **아들의 아내.** (듣말쓰4-2, 19쪽)
   예) [속담] ○○○가 미우면 손자까지 밉다.

봄볕엔 ○○○를 내보내고, 가을볕엔 딸을 내보낸다는 말이 있어!

10. **시각장애인을 위해 만든 한글 점자.** (듣말쓰4-2, 23쪽)
    예) '훈민정음'은 세종 대왕이, '○○○○'은 박두성이 만들었어요.

가로 열쇠

2. 논밭의 곡식을 해치는 새를 쫓기 위해 만든, 사람 모양의 물건. (읽4-2, 24쪽)
   예 [속담] ○○○○도 제구실을 한다.

3. 한 군데도 빠짐없는 모든 곳. (읽4-2, 137쪽)
   예 전국 ○○○○에서 의병이 일어났어요.

5. 임금의 자리. (읽4-2, 99쪽)
   예 서로 ○○를 차지하려고 치열하게 다투었어요.

7. 물건을 새로 만들어 내는 데 가장 뛰어난 사람. (읽4-2, 51쪽)
   예 에디슨은 1,300가지가 넘는 발명을 하여 '○○○' 이라 불려요.

9. 나아가 적을 침. (읽4-2, 101쪽)
   예 "왜구를 한 놈도 남기지 말고 ○○하라!"

세로 열쇠

1. 상수리나무의 열매. (읽4-2, 52쪽)
   예 ○○○의 알맹이를 빻은 가루로 도토리묵을 해 먹었어요.

4. 한방울 한방울. (읽4-2, 149쪽)
   예 구슬 같은 눈물이 ○○○○ 떨어져 내렸어요.

5. 왕이 지닌 권력. (읽4-2, 99쪽)
   예) ○○을 뺏은 자들은 장보고의 세력이 커지는 것을 두려워했어요.

6. 임무를 맡김. (읽4-2, 33쪽)
   예) 김홍도는 어진을 그리는 화가로 ○○되었어요.

8. 몸의 기력을 보충해 주는 약. (읽4-2, 87쪽)
   예) [속담] ○○도 쓰면 안 먹는다.

9. 공양에 쓰는 쌀. (읽4-2, 62쪽)
   예) 심청이는 ○○○ 삼백 석에 뱃사공에게 팔려 갔어요.

13

1단계

🟧 가로 열쇠

2. 집 근처나 논두렁에 흔히 사는 뱀. (생4-2, 75쪽)
　예) [속담] ○○○ 담 넘어가듯.

4. 땅속을 지나는 철도. (생4-2, 32쪽)
　예) 버스나 ○○○에서는 노약자에게 자리를 양보해야 해요.

5. 기계에 쓰이는 물품. (생4-2, 4쪽)
　예) 자동차에 엔진이나 바퀴 같은 ○○이 없다면 어떻게 될까요?

7. 성금을 모음. (생4-2, 65쪽)
　예) 유니세프 기아 어린이 돕기
　　○○ 운동 본부에 가입했어요.

8. 측정 기준. (생4-2, 91쪽)
　예) 쓰레기를 버리면 오염도 ○○○가 증가하고 점수가 감점돼요.

🟧 세로 열쇠

1. 물이 빠져나가는 곳. (생4-2, 71쪽)
　예) 쓰고 남은 식용유를 ○○○에 쏟아 버리면 안 돼요.

3. 개구리와 닮은 물갈퀴가 없는 양서류. (생4-2, 75쪽)
　예) [속담] ○○○ 파리 잡아먹듯.

4. 팔다리나 몸을 제대로 움직이지 못함. (생4-2, 69쪽)
　예) 몸이 불편한 ○○○○○ 아이를 놀리면 안 돼요.

▶정답은 18쪽에

6. 정성으로 내는 돈. (생4-2, 65쪽)
   예 용돈을 아껴 불우 이웃 돕기 ○○으로 냈어요.

7. 이스터 섬에 있는 사람 얼굴 모양의 조각상. (생4-2, 92쪽)
   예 ○○○는 조상신을 숭배하기 위해 만들었어요.

9. 일하는 데 방해가 되는 장애. (생4-2, 23쪽)
   예 나 혼자 투표 안 해도 선거에 ○○을 주지 않는다는 생각을 버리세요.

🟧 가로 열쇠

2. 교구의 중심이 되는 성당. (도4-2, 19쪽)
   예 노트르담 ○○○은 프랑스의 고딕 건축을 대표하는 큰 성당이에요.

3. 냉난방 장치. (도4-2, 91쪽)
   예 ○○○은 여름에는 시원한 공기를, 겨울에는 따뜻한 공기를 내보내요.
   [영어] aircon

5. 무선 전파를 보내 텔레비전을 보게 함. (도4-2, 15쪽)
   예 어머니는 아침 ○○ 시간에 일일 연속극을 즐겨 봐요.

7. 하나였던 나라가 둘 이상으로 나누어진 국가. (도4-2, 115쪽)
   예 우리나라는 남한과 북한으로 나뉜 ○○○○예요.

9. 지지하여 도움. (도4-2, 47쪽)
   예 장애복지시설에 대한 ○○을 아끼지 말아야 해요.

🟧 세로 열쇠

1. 위험에 빠진 사람을 구하는 대원. (도4-2, 86쪽)
   예 사고가 나면 재빨리 119 ○○○에서 출동해요.

▶정답은 18쪽에

4. 물고기를 기르는 데 사용하는 항아리. (도4-2, 10쪽)
   예 [속담] ○○에 금붕어 놀듯.

5. 방문한 사람의 이름을 적어 놓은 책. (도4-2, 42쪽)
   예 다녀갔다는 흔적을 ○○○에 남겨 주세요.

6. 고대 무역로. 중국의 비단을 가져간 데서 유래된 말. (도4-2, 111쪽)
   예 [동요] 산 넘어 물 건너 가는 길 가을 길은 ○○○
   [비슷한 말] 실크로드

8. 푸른색 바지. (도4-2, 100쪽)
   예 북한에서도 ○○○를 입을 수 있을까요?

17

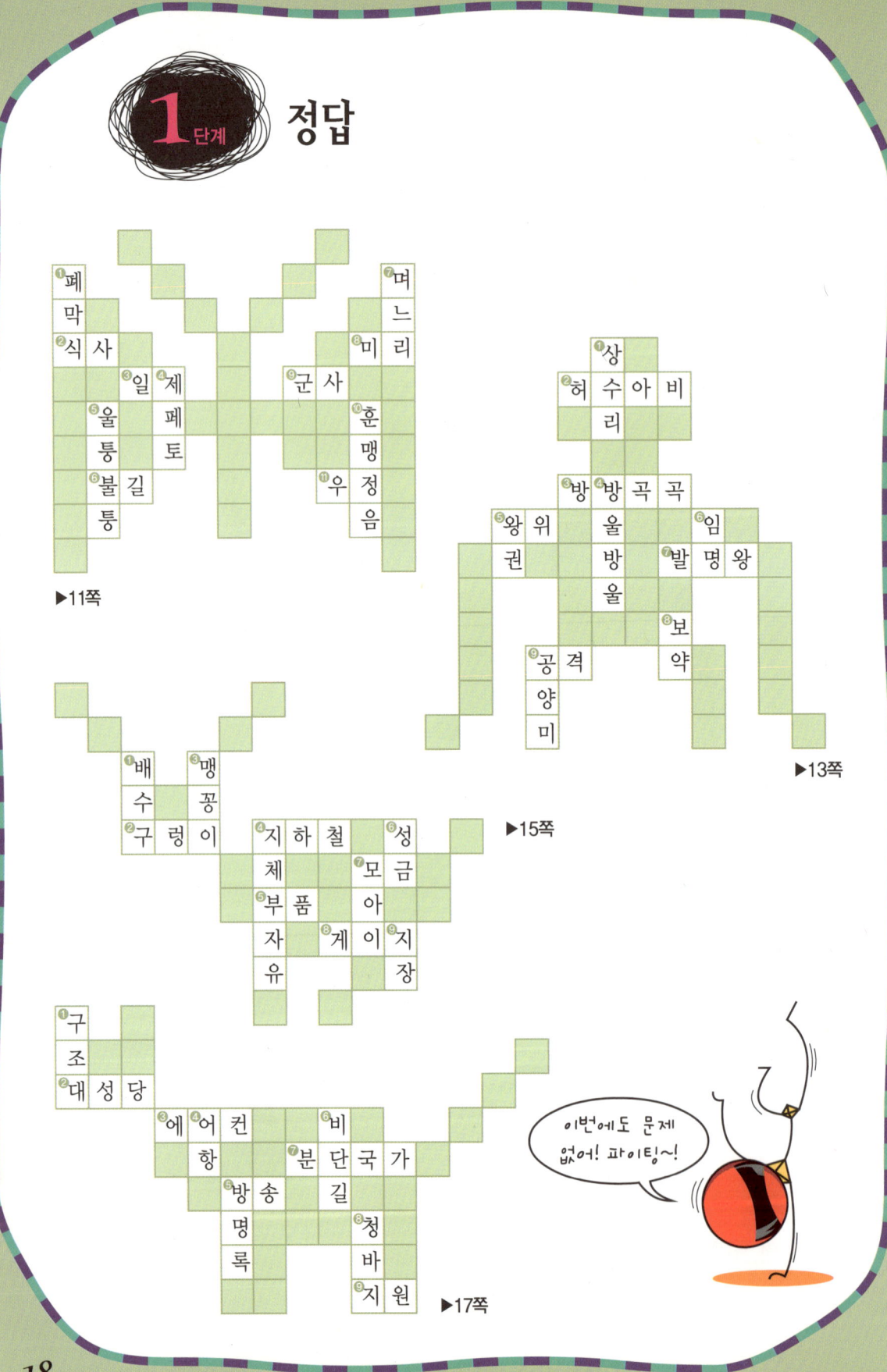

욕설은 누구의 것

　부처님이 세상에 살아 있을 때의 일이에요.
　어느 날, 건달 같은 사내가 부처님을 찾아왔어요. 그러더니 다짜고짜 욕설을 퍼붓는 것이에요. 건달 같은 사내의 욕을 다 들은 부처님은 아무렇지도 않은 표정으로 이렇게 말했어요.
　"음, 한 가지 물어 보겠노라. 만일 어떤 손님이 자네를 찾아왔을 때 자네가 손님에게 음식을 주었는데, 그 손님이 음식을 받지 않는다면 그 음식은 누구의 것이겠는가?"
　그 말에 건달 같은 사내가 대답했어요.
　"그야 당연히 제 것이지요."
　그러자 부처님은 은은한 목소리로 이렇게 이르셨어요.
　"그럼, 이 경우는 어떠한가? 자네가 내게 욕설을 퍼부었지만, 나는 그것을 받지 않았으니 그 욕설은 누구의 것이겠는가?"
　"그야 당연히 제……."
　건달 같은 사내는 무릎을 꿇고 부처님께 잘못을 빌었어요.

부처님이 건달에게 가르친 것은 무엇인가요?

2단계

🟠 가로 열쇠

2. 사람의 성 아래에 붙여 다른 사람과 구별하여 부르는 말. (듣말쓰4-2, 17쪽)
  예 [속담] ○○이 고와야 듣기도 좋다.

3. 나이가 들어 늙은 사람. (듣말쓰4-2, 7쪽)
  예 [속담] 팔십 ○○도 세 살 먹은 아이한테 배울 것이 있다.

7. 전쟁에 사용되는 기구. (듣말쓰4-2, 32쪽)
  예 최무선은 화약을 이용한 ○○를 개발했어요.

8. 강연을 할 때 쓰는 큰 방. (듣말쓰4-2, 42쪽)
  예 학예회는 우리 학교 ○○에서 열려요.

🟡 세로 열쇠

1. 나이가 젊은 사람. (듣말쓰4-2, 7쪽)
  예 [속담] ○○○ 망령은 홍두깨로 고치고 늙은이 망령은 곰국으로 고친다.

4. 컴퓨터로 정보를 교환할 수 있는 통신망. (듣말쓰4-2, 80쪽)
  예 ○○○을 이용하면 정보를 쉽게 찾을 수 있어요.

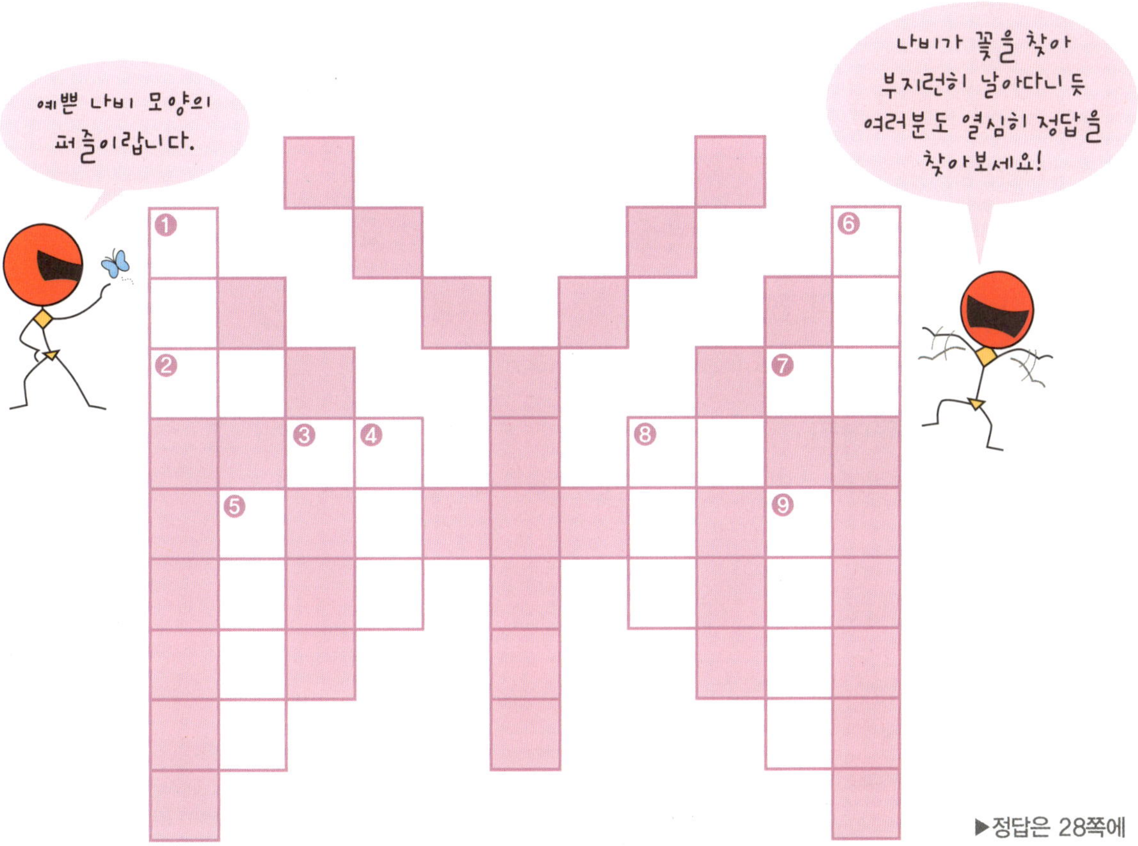

5. 국민이 의례히 갖추어야 할 격식. (듣말쓰4-2, 46쪽)
   예) ○○○○에는 국기에 대한 경례를 하고 애국가를 제창해요.

6. 눈으로 보면서 만족을 느끼는 일. (듣말쓰4-2, 133쪽)
   예) 백화점에 가서 ○○○만 실컷 하고 왔어요.

8. 귀주 대첩으로 유명한 고려 시대의 명장. (듣말쓰4-2, 34쪽)
   예) ○○○ 장군은 어릴 때 키가 작고 못생겼다고 놀림을 받았어요.

9. 사촌 형제나 다름없이 정이 든 가까운 이웃. (듣말쓰4-2, 22쪽)
   예) 어려울 때는 먼 친척보다 ○○○○이 더 나아요.

2단계

🟠 가로 열쇠

2. '고수머리'의 사투리. (읽4-2, 63쪽)
   예 ○○○○ 옥니박이하고는 말도 말랬다. [비슷한 말] 곱슬머리

3. 아시아의 동부 지역. (읽4-2, 98쪽)
   예 한국, 일본, 중국은 ○○○○에 속해 있는 나라에요.

5. 서로 나뉘어 떨어짐. (읽4-2, 38쪽)
   예 옛날에는 양반과 하인이 쓰던 공간을 ○○해 사용했어요.

6. 군인의 집단. (읽4-2, 98쪽)
   예 장보고는 당나라의 ○○에 들어가 벼슬을 했어요.

8. 쇠를 달구어 연장을 만드는 곳. (읽4-2, 34쪽)
   예 연극 '숲속의 ○○○'에서 포수 역할을 맡았어요.

9. 왕건이 세운 나라. 도읍지는 개성. (읽4-2, 29쪽)
   예 [속담] ○○적 잠꼬대 같은 소리.

🟠 세로 열쇠

1. 사람이 겨우 들어갈 정도로 작게 지은 막. (읽4-2, 137쪽)
   예 세계 명작 동화 『톰 아저씨의 ○○○집』을 읽었어요.

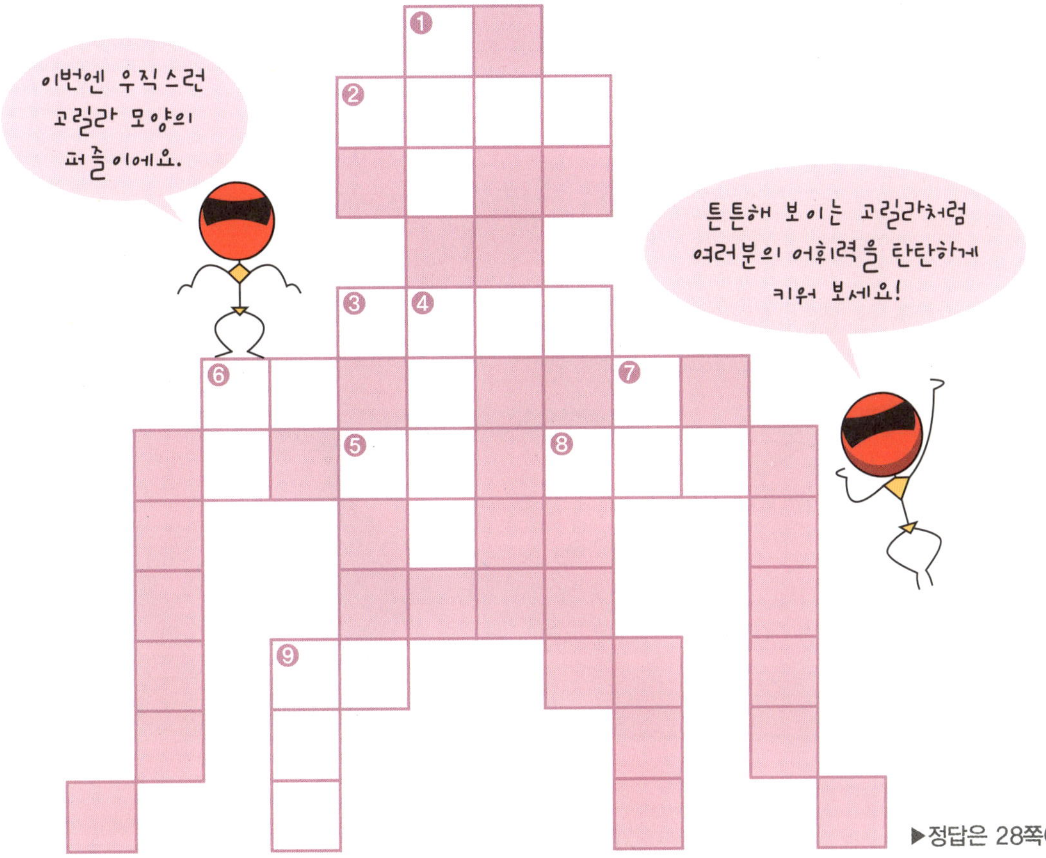

4. 아시아 다음으로 세계에서 두 번째로 큰 대륙. (읽4-2, 18쪽)
   예 ○○○○는 '검은 대륙' 이라고도 불리워요. [영어] Africa

6. 옛날에 '군인'을 이르던 말. (읽4-2, 99쪽)
   예 [속담] 장수가 엄하면 ○○가 강하다. [비슷한 말] 병사

7. 종족의 우두머리. (읽4-2, 69쪽)
   예 고인들은 지배자나 ○○의 무덤이에요.

9. 동명왕 주몽이 세운 나라. 도읍지는 졸본성. (읽4-2, 28쪽)
   예 각저총은 ○○○ 시대의 무덤이에요.

2단계

🙂 가로 열쇠

2. 걸을 때 도움을 얻기 위해 짚는 막대기. (생4-2, 64쪽)
   예 [속담] 장님이 넘어지면 ○○○ 나쁘다 한다.

4. 장마가 지는 철. (생4-2, 30쪽)
   예 [속담] ○○○에 비구름 모여들 듯.

5. 수효를 세는 맨 처음 수. (생4-2, 57쪽)
   예 [속담] ○○를 알면 백을 안다.

8. 대화를 나누는 방. (생4-2, 30쪽)
   예 인터넷 ○○○에 들어가 '방가방가' 라고 인사를 했어요.

😠 세로 열쇠

1. 먹고 난 뒤 그릇을 씻어 정리하는 일. (생4-2, 73쪽)
   예 [속담] 죽 먹은 ○○○는 딸 시키고 비빔 그릇 ○○○는 며느리 시킨다.

3. 거북이와 비슷하게 생겼으나 몸집이 작음. (생4-2, 75쪽)
   예 전래동화 '말하는 ○○○' 를 읽었어요.

4. 딱정벌레류 중 가장 몸집이 큰 곤충. 천연기념물 제218호. (생4-2, 75쪽)
   예 ○○○○○와 사슴벌레가 싸우면 누가 이길까요?

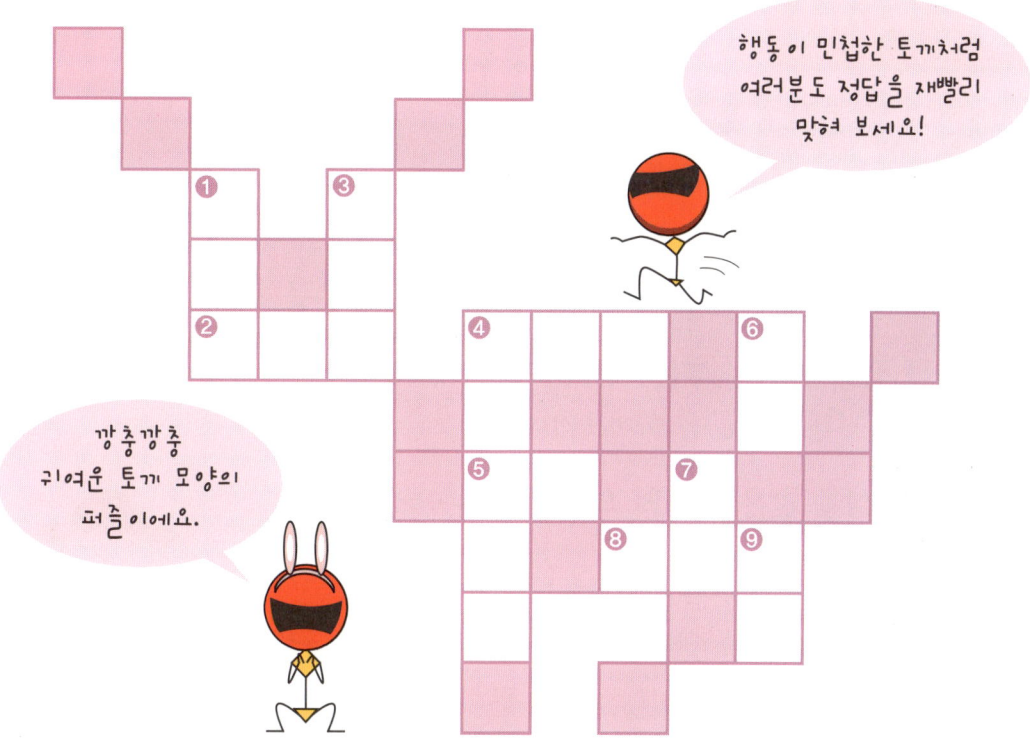

▶정답은 28쪽에

6. **작은 것을 큰 것처럼 과장함.** (생4-2, 83쪽)
   예 환경을 보호하려면 ○○ 포장을 줄여야 해요.

7. **사치스럽고 화려함.** (생4-2, 17쪽)
   예 영국의 초○○ 여객선 타이태닉호는 빙산에 부딪혀 가라앉았어요.

9. **찾아가서 만나 봄.** (생4-2, 107쪽)
   예 방과 후에 결석한 친구의 집을 ○○하기로 했어요.

25

2단계

🔑 가로 열쇠

2. **예전에 '초등학교'를 이르던 말.** (도4-2, 100쪽)
   예) 북한에서는 ○○○를 4년 동안 다녀요.

4. **유명한 탓에 당하는 불편함.** (도4-2, 85쪽)
   예) 방송에 출연한 뒤 많은 사람들이 알아봐서 ○○○를 톡톡히 치렀어요.

6. **규칙을 정해 놓고 승부를 겨루는 놀이.** (도4-2, 32쪽)
   예) 친구와 닌텐도 ○○을 하며 놀았어요.

7. **노벨평화상을 받은 독일의 의사.** (도4-2, 59쪽)
   예) ○○○○는 작은 새의 생명도 소중하게 여기는 아이였어요.

🔑 세로 열쇠

1. **처음으로.** (도4-2, 100쪽)
   예) 진정한 통일은 서로의 진심이 우러날 때 ○○○ 완성돼요.

3. **경기도 개성에 있는 돌다리.** (도4-2, 114쪽)
   예) ○○○는 고려의 충신 정몽주가 죽은 장소예요.

5. **세상에 널리 퍼져 평판 높은 이름.** (도4-2, 19쪽)
   예) 김연아는 세계적인 피겨 선수로 ○○을 떨치게 되었어요.

6. **여러 사람에게 알릴 내용을 붙이는 판.** (도4-2, 18쪽)
   예) 자세한 사항은 학급 누리집 ○○○을 보세요.

▶정답은 28쪽에

8. **같음을 나타내는 조사.** (도4-2, 99쪽)

   예 [속담] 층층시하에 줄방귀 참는 새댁○○

9. **해충을 죽여 없애는 약.** (도4-2, 91쪽)

   예 ○○○ 대신 천적을 이용하면 환경오염을 줄일 수 있어요.

정답

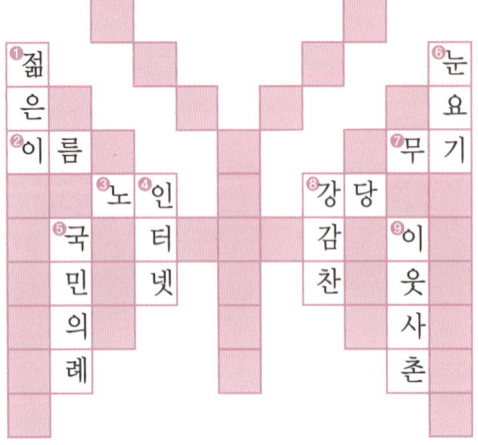

▶21쪽

▶23쪽

▶25쪽

▶27쪽

생각 샘터

사람다운 사람

이솝이 어렸을 때의 이야기예요.

마을 사람들이 사용하는 공동목욕탕 앞에는 뾰족한 돌이 땅바닥에 박혀 있었어요. 그래서 목욕하러 들어가는 사람, 나오는 사람 모두 그 돌에 걸려 넘어지기도 하고, 발을 다치기도 했어요. 그러나 사람들은 욕설만 할 뿐 아무도 치우려는 사람이 없었어요.

나중에야 한 젊은이가 오더니
"웬 돌이 여기 박혀 있담."
하고는 단숨에 돌을 뽑아내고 목욕탕 안으로 들어갔어요.

그 모습을 유심히 지켜보던 이솝은 집으로 달려가 주인님에게 알렸어요.
"주인님, 목욕탕 안에 사람이라곤 한 사람밖에 없습니다."

그 말을 들은 주인은 기분 좋게 목욕탕으로 향했어요. 하지만 탕에는 사람이 우글우글하였어요. 화가 난 주인은 이솝에게 왜 거짓말을 했느냐고 꾸중하였어요.

"목욕탕 앞에 돌부리가 튀어나와 사람들이 걸려 넘어지는데, 그 누구 하나 돌멩이를 치우는 사람이 없었어요. 그런데 단 한 사람만이 돌멩이를 치우고 들어갔어요. 제 눈에는 오직 그 사람만이 사람다운 사람으로 보였을 뿐이에요."

생각해 볼까요?

어려운 일이 내 앞에 있을 때 어떻게 해결해야 할까요?

3단계

가로 열쇠

2. **살림살이가 넉넉하지 못함.** (듣말쓰4-2, 12쪽)
   예 [속담] ○○ 구제는 나라님도 못한다.

3. **시각장애인용 문자.** (듣말쓰4-2, 40쪽)
   예 엘리베이터에는 시각장애인을 위한 ○○가 문 쪽에 붙어 있어요.

5. **왕이 신하들과 정치를 의논하던 장소.** (듣말쓰4-2, 32쪽)
   예 [속담] ○○ 공론 사흘 못 간다.

7. **어떤 차례의 바로 뒤.** (듣말쓰4-2, 67쪽)
   예 [속담] 죽은 ○○에 청심환

8. **글 속에 들어 있는 것.** (듣말쓰4-2, 24쪽)
   예 중요한 ○○이 무엇인지 생각하며 글을 읽어야 해요.

10. **몹시 굶어 배고픔.** (듣말쓰4-2, 111쪽)
    예 물을 양껏 마셔도 ○○를 달랠 수 없었어요.

세로 열쇠

1. **'북학의'를 지은 조선 시대의 실학자.** (듣말쓰4-2, 23쪽)
   예 ○○○는 어릴 때부터 시와 문장에 뛰어났던 학자예요.

4. **아주 잘게 깨어진 여러 조각.** (듣말쓰4-2, 33쪽)
   예 최무선의 화포 공격에 왜구의 배는 ○○○○이 났어요.

30

예쁜 나비 모양의 퍼즐이랍니다.

나비가 꽃을 찾아 부지런히 날아다니듯 여러분도 열심히 정답을 찾아보세요!

▶정답은 38쪽에

6. 실감을 더하기 위해 넣는 소리. (듣말쓰4-2, 128쪽)

예) 역할극에서 귀신 소리를 내는 ○○○ 담당을 맡았어요.

9. 고개를 이쪽저쪽으로 자꾸 기울이는 모양. (듣말쓰4-2, 22쪽)

예) 동생은 잘 못 알아듣는지 고개를 ○○○○ 거렸어요.

31

3단계

🏷️ 가로 열쇠

2. 매과의 새. 천연기념물 제323호. (읽4-2, 53쪽)
   예) ○○○○의 특징은 제자리에서 정지비행을 하는 거예요.

4. 전라남도의 도청 소재지. (읽4-2, 130쪽)
   예) ○○의 대표적인 특산물은 무등산 수박이에요.

5. 바다 위. (읽4-2, 99쪽)
   예) 한려○○ 국립공원, 다도해○○ 국립공원.

7. 탐방을 할 수 있도록 만든 길. (읽4-2, 91쪽)
   예) 부산과 고성을 잇는 '해파랑길'은 국내 최장 ○○○예요.

8. 뜨거운 기운. (읽4-2, 37쪽)
   예) 추운 북부지방은 ○○가 빠져나가지 않도록 ㅁ자형의 집을 지었어요.

10. 전문 분야에서 조예가 깊은 사람. (읽4-2, 32쪽)
    예) 김홍도는 풍속화의 ○○예요.

🏷️ 세로 열쇠

1. 하나도 빠짐없이 모두. (읽4-2, 101쪽)
   예) 한 놈도 빠짐없이 ○○○ 무찔러라.

3. 열매가 많이 매달려 있는 모양. (읽4-2, 95쪽)
   예) 과수원에 복숭아가 ○○○○ 열렸어요.

5. 배를 타고 다니며 재물을 빼앗는 강도. (읽4-2, 98쪽)
   예) 바다에서 ○○들이 나타나 온갖 횡포를 부리며 괴롭혔어요.

6. 잇달아 곧. (읽4-2, 94쪽)
   예) 강풍에 쓰러진 벼이삭을 보며 ○○ 한숨을 내쉬었어요.

9. 지붕을 이는 데 쓰기 위해 흙으로 구워 만든 건축 자재. (읽4-2, 37쪽)
   예) [속담] ○○ 한 장 아끼다가 대들보 썩힌다.

3단계

🔑 가로 열쇠

2. **부인과 여자.** (생4-2, 17쪽)
   예) 배가 침몰하고 있어요. ○○○와 노약자 먼저 보트에 태우세요.

4. **파장이 가시광선보다 짧고 엑스선보다 긴 선.** (생4-2, 71쪽)
   예) 오존층은 태양으로부터 오는 강한 ○○○을 막아 주는 역할을 해요.

5. **아무 조건도 없이 몸 바쳐 일함.** (생4-2, 50쪽)
   예) 장애인을 배려하고 ○○하는 생활을 하면 마음이 뿌듯해져요.

7. **같은 교실에서 배우는 학생의 무리.** (생4-2, 37쪽)
   예) 우리 ○○의 급훈은 '친구에게 배려를' 이에요. [비슷한 말] 학반

8. **한 번만 쓰고 버림.** (생4-2, 71쪽)
   예) ○○○ 제품을 자주 사용하면 환경이 오염돼요.

🔑 세로 열쇠

1. **환경 보전에 관한 사무를 맡아보는 중앙 행정 기관.** (생4-2, 91쪽)
   예) ○○○ 사이버 홍보관에 가서 환경 주사위 게임을 해 보세요.

3. **어떤 일에 직접 관계가 있는 사람.** (생4-2, 39쪽)
   예) 중환자실에는 '○○○ 외 출입금지' 라는 팻말이 붙어 있었어요.

4. **스스로 원하여 봉사하는 사람.** (생4-2, 115쪽)
   예) '수해민을 도울 ○○○○○를 모집한다' 는 공고문이 나붙었어요.

6. **나누어 줌.** (생4-2, 115쪽)
   예) 겨우 담요 한 장밖에 ○○ 받지 못했어요.

▶정답은 38쪽에

7. 학교에서 배운 재주를 여러 사람 앞에서 발표하는 모임. (생4-2, 15쪽)

   예 교내 ○○○에서 가야금 연주를 하기로 했어요.

9. 개인이 자질구레하게 쓰는 돈. (생4-2, 65쪽)

   예 부모님께서 주시는 한 달 ○○은 겨우 오천 원이에요.

35

🟠 가로 열쇠

2. **가축을 먹여 기르는 곳.** (도4-2, 22쪽)
   예 토끼를 ○○○에서 키우게 해 주세요.

4. **호는 도산. 흥사단을 조직한 독립운동가.** (도4-2, 27쪽)
   예 큰 일이든 작은 일이든 네가 하는 일을 정성껏 하라. – 도산 ○○○

6. **눈, 코, 입이 있는 머리의 앞면.** (도4-2, 32쪽)
   예 [속담] ○○ 가죽이 두껍다.

8. **북대서양 서부에서 발생하는 열대성 저기압.** (도4-2, 85쪽)
   예 ○○○○이 휩쓸고 지나간 마을은 쑥대밭이 되었어요. [영어] hurricane

10. **대기 중에서 일어나는 여러 가지 현상.** (도4-2, 76쪽)
    예 지구촌 곳곳에서 ○○ 이변이 일어나 피해가 속출하고 있어요.

🟠 세로 열쇠

1. **정원을 가꾸는 사람.** (도4-2, 19쪽)
   예 미켈란젤로는 젊은 시절 가난한 ○○○였어요.

3. **버스가 정차하는 곳.** (도4-2, 66쪽)
   예 버스 ○○○에서는 차례를 지켜야 해요.

▶정답은 38쪽에

5. 신이 우주만물을 처음으로 만듦. (도4-2, 19쪽)
   예 불후의 명작 '천지 ○○'는 미켈란젤로가 그린 작품이에요.

6. '잡곡밥'의 북한어. (도4-2, 103쪽)
   예 쌀에 잡곡을 넣어 지은 밥을 북한에서는 '○○○'이라고 해요.

7. 누웠을 때의 머리 부근. (도4-2, 63쪽)
   예 할아버지의 ○○○에 자리끼를 놓아 드렸어요.

9. 미국의 강철왕. (도4-2, 20쪽)
   예 ○○○홀은 미국 뉴욕에 있는 최대 공연장이에요.

정답

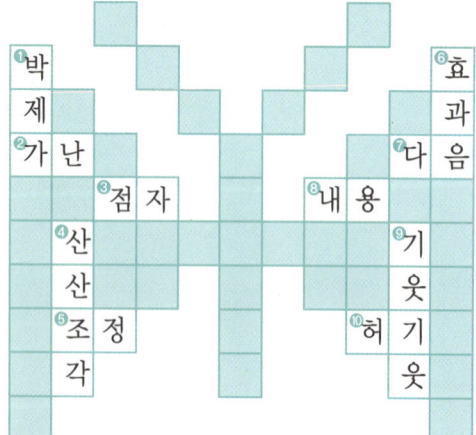
▶31쪽

▶33쪽

▶35쪽

▶37쪽

향기 없는 꽃

당나라 태종이 신라 선덕 여왕에게 선물을 보내왔어요. 그것은 붉은색, 자주색, 흰색의 모란꽃 그림과 석 되의 꽃씨였어요. 그때까지 우리나라에는 모란꽃이 없었어요.

그런데 이것을 본 선덕 여왕이 말했어요.

"이 꽃은 향기가 없겠구나."

신하들은 아무도 그 말을 믿지 않았어요. 그림만 보고 꽃의 냄새가 있고 없고를 어떻게 알 수 있단 말인가요?

그러나 그 씨를 뿌리고 줄기가 올라와 꽃이 피었을 때, 신하들은 여왕의 말이 거짓이 아님을 알고 무척 감탄했어요.

신하들이 선덕 여왕에게 어떻게 꽃의 향기를 미리 알 수 있었느냐고 묻자, 선덕 여왕이 말했어요.

"이 꽃 그림에는 나비가 그려져 있지 않소. 나비가 없음은 꽃에 향기가 없다는 것 아니겠소?"

"참으로 전하의 지혜는 따라갈 자가 없사옵니다."

"지혜라고 할 것이 뭐 있겠소. 사물을 자세히 보고 많이 생각하고 알려고 노력하는 사람에게는 그것쯤은 간단한 일이오."

선덕 여왕의 지혜에서 배울 점은 무엇인가요?

가로 열쇠

2. 수도하는 여자. _(듣말쓰4-2, 29쪽)
   예) 테레사 ○○는 인도의 불쌍한 사람들을 위해 평생을 바쳤어요.

3. 과거에 합격함. _(듣말쓰4-2, 39쪽)
   예) 강감찬은 서른여섯 살에 과거에 장원으로 ○○했어요.

5. 태권도를 할 때 입는 운동복. _(듣말쓰4-2, 62쪽)
   예) 이야, 태권도 ○○을 입으니까 아주 멋진걸!

7. 둥글게 만든 물건. _(듣말쓰4-2, 37쪽)
   예) 카드를 ○○로 연결하여 작은 책을 만들었어요.

8. 몸과 마음을 다해 애를 씀. _(듣말쓰4-2, 27쪽)
   예) 루이브라유는 보다 편리한 점자를 만들기 위해 ○○했어요.

10. 이롭지 아니함. _(듣말쓰4-2, 112쪽)
   예) 이건 나한테 ○○한 게임이야. [반대말] 유리

세로 열쇠

1. 절반이 넘는 수. _(듣말쓰4-2, 49쪽)
   예) 이 안건은 ○○○가 찬성하였으므로 채택하겠어요.

예쁜 나비 모양의 퍼즐이랍니다.

나비가 꽃을 찾아 부지런히 날아다니듯 여러분도 열심히 정답을 찾아보세요!

① ② ③ ④ ⑤ ⑥ ⑦ ⑧ ⑨ ⑩

▶정답은 48쪽에

4. 화약을 만드는 일을 하던 고려 시대의 관아. (듣말쓰4-2, 32쪽)
  예) 최무선은 ○○○○의 총책임자였어요.

6. 둘레의 가장자리. (듣말쓰4-2, 67쪽)
  예) ○○○를 잘라 둥글게 말아 카네이션꽃을 만들었어요.

9. 미운 사람을 따로 떼어 멀리하다. (듣말쓰4-2, 138쪽)
  예) 적군의 추격을 ○○○○.

꾸자가 다른 친구들을 ○○○○ 1등이야!!

41

🟠 가로 열쇠

2. **고불고불하게 말려 있는 머리털.** (읽4-2, 163쪽)
   예 ○○○○는 정말 고집이 셀까요? [비슷한 말] 고수머리

3. **모르는 사이에 조금씩 조금씩.** (읽4-2, 161쪽)
   예 식초가 ○○○○ 새는 것도 모르고 시장바구니에 담았어요.

5. **금으로 만든 돈.** (읽4-2, 80쪽)
   예 [속담] ○○도 안팎이 있다. [비슷한 말] 금화

6. **부뚜막에 방바닥을 잇대어 꾸민 부엌.** (읽4-2, 37쪽)
   예 ○○○은 함경도 지방에서 많이 볼 수 있는 부엌이에요.

7. **본래부터 가지고 있는 것.** (읽4-2, 37쪽)
   예 한복은 우리나라 ○○의 옷이에요.

9. **엷은 먹물.** (읽4-2, 25쪽)
   예 '몽유도원도'는 안견이 ○○담채화로 그린 산수화예요.

😠 세로 열쇠

1. **작은 고동을 닮은 하천이나 연못에 사는 연체동물.** (읽4-2, 163쪽)
   예 ○○○를 사투리로 '올갱이'라고도 해요.

4. **나무를 작게 쪼갠 조각.** (읽4-2, 37쪽)
   예 너와집은 기와처럼 쪼갠 ○○○○으로 지붕을 덮은 집이에요.

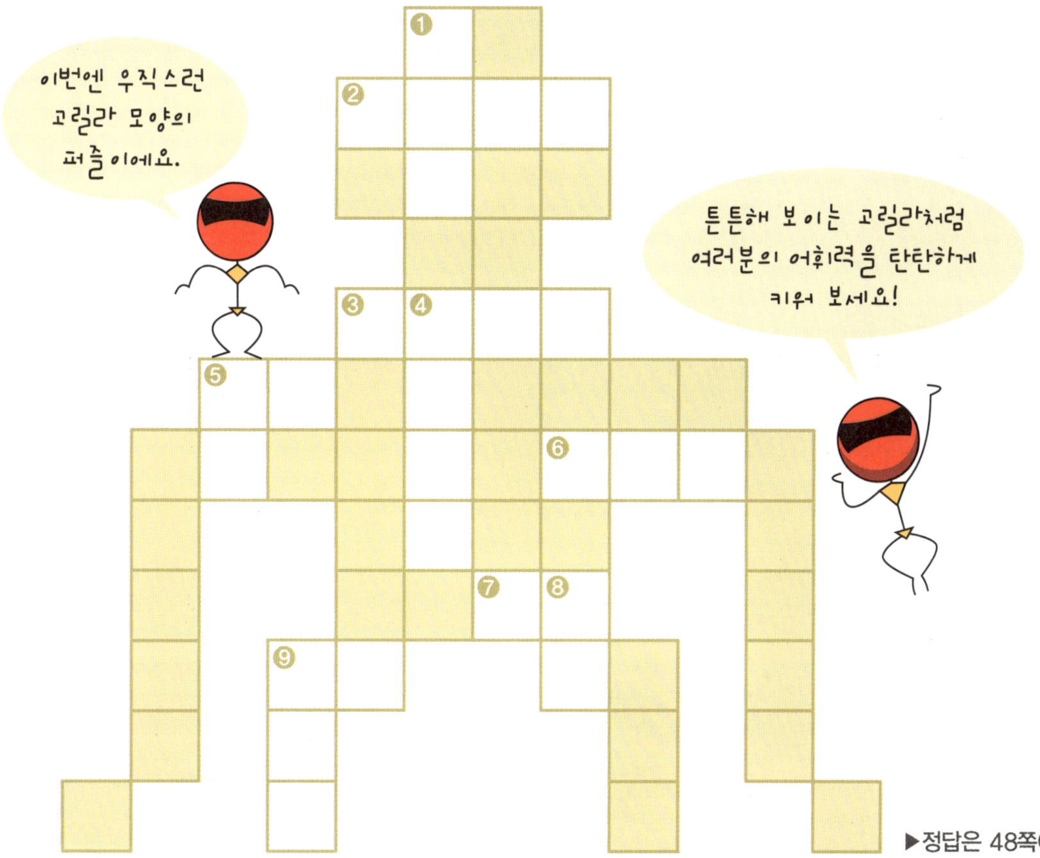

5. 지금 바로. (읽4-2, 81쪽)
  예) 바보 이반은 아픈 것도 잊고 ○○ 헤헤거리며 웃었어요.

8. 여러 사람에게 널리 퍼짐. (읽4-2, 33쪽)
  예) 1970년대에는 장발과 나팔바지가 ○○이었어요.

9. 음력 5월 5일. 단오의 다른 말. (읽4-2, 30쪽)
  예) ○○○에는 수레바퀴처럼 생긴 수리떡을 해 먹었어요.

4단계

🔶 가로 열쇠

2. 자료를 모아 놓은 방. (생4-2, 13쪽)
　예) 인터넷 ○○○을 이용하면 수많은 정보를 얻을 수 있어요.

4. 조상들의 신. (생4-2, 92쪽)
　예) 마을의 평안과 풍요를 기원하기 위해 ○○○에게 제사를 지냈어요.

5. 물체의 겉을 싸고 있는 질긴 켜. (생4-2, 86쪽)
　예) [속담] ○○ 없는 털이 있을까. [비슷한 말] 껍데기

7. 손해를 입힘. (생4-2, 14쪽)
　예) 공공장소에서 다른 사람에게 ○○를 주는 행동을 하면 안 돼요.

8. 그 해 그 해. (생4-2, 115쪽)
　예) 우리 마을은 지대가 낮아 ○○○ 수해를 입어요.

🔶 세로 열쇠

1. 지휘를 하는 사람. (생4-2, 23쪽)
　예) 카라얀은 20세기 최고의 유명 ○○○예요.

3. 기관을 장치하여 놓은 방. (생4-2, 17쪽)
　예) 배가 가라앉아도 기관사들은 끝까지 ○○○을 지켰어요.

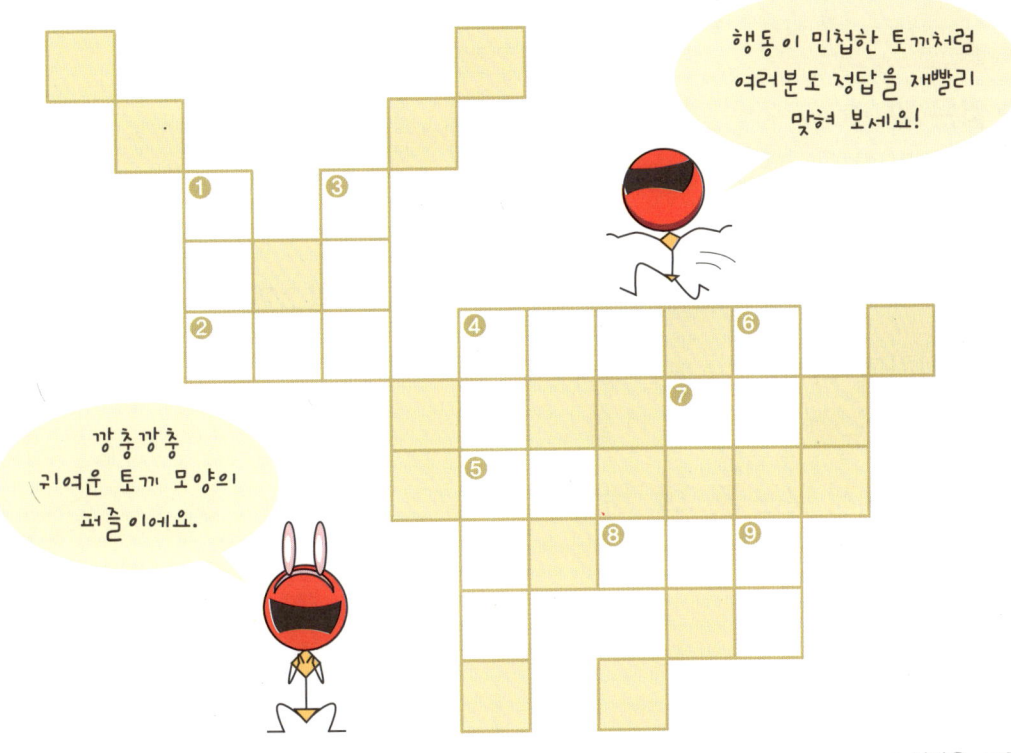

▶정답은 48쪽에

4. 조갯살을 감싸고 있는 단단한 껍질. (생4-2, 82쪽)
   예 [속담] ○○○○○는 녹슬지 않는다.

6. 남의 사정을 잘 헤아려 너그러이 받아들임. (생4-2, 48쪽)
   예 기계 결함으로 잠시 운행이 중단됨을 ○○해 주시기 바랍니다. [비슷한 말] 이해

9. 한 번 더. (생4-2, 78쪽)
   예 작품을 망쳐서 ○○ 만들었어요. [비슷한 말] 또

45

가로 열쇠

2. 짧은 말. (도4-2, 40쪽)
   예 [속담] 말 ○○○에 천 냥 빚을 갚는다.

3. 저작자가 갖는 권리. (도4-2, 35쪽)
   예 ○○○자의 허락 없이 함부로 자료를 다운로드 받으면 안 돼요.

5. '한심하다'의 어근. (도4-2, 36쪽)
   예 편식하는 게 자랑이냐? 너 참 ○○하다.

7. 높은 곳에서 낮은 곳으로 비탈진 길. (도4-2, 60쪽)
   예 경사가 심한 ○○○○에서 뛰면 위험해요. [반대말] 오르막길

10. 문이 시원스럽게 열린 모양. (도4-2, 18쪽)
    예 창문을 ○○ 열고 청소를 했어요.

세로 열쇠

2. 인터넷에서 신분을 증명할 수 있는 고유 체계. (도4-2, 45쪽)
   예 남의 ○○○를 몰래 사용하면 안 돼요.

4. 문예 작품을 짓는 사람. (도4-2, 19쪽)
   예 〈똥개도 개다〉를 쓴 우리 선생님은 동화 ○○예요.

5. 국토가 반도로 이루어진 우리나라를 일컬음. (도4-2, 112쪽)
   예 ○○○기에는 흰색 바탕에 파란색 지도가 새겨져 있어요.

▶ 정답은 48쪽에

6. 인터넷의 가상 공간에서 활동하는 사람. (도4-2, 28쪽)
   예 ○○○은 서로 얼굴을 볼 수 없어도 네티켓을 지켜야 해요. [비슷한 말] 네티즌

8. 물체의 두 끝이 멀다. (도4-2, 13쪽)
   예 짝보다 내 머리카락의 길이가 더 ○○.

9. 개인의 사사로운 생활. (도4-2, 48쪽)
   예 다른 사람의 ○○○도 보호해 줘야 해요.

생각 샘터

돼지의 눈, 부처님의 눈

　조선을 세운 태조 이성계에게 친한 스님이 한 분 계셨어요. 그 스님은 스스로 아는 게 없다고 하여 이름을 '무학 대사'라고 하였지요.
　하루는 이성계가 스님을 놀려 주려고 이렇게 말했어요.
"내가 보기에 스님은 꼭 돼지 같습니다."
그러자 무학 대사는 껄껄 웃으며 말했어요.
"제가 보기엔 대왕께서 부처님으로 보입니다."
이성계는 기쁘게 웃으며 물었어요.
"허허허, 그런데 스님께서는 제가 돼지 같다고 해도 화나지 않으십니까?"
"그럼요, 화는커녕 되레 기분이 좋습니다."
"정말이오?"
무학 대사는 다시 껄껄 웃었어요.
"본디 돼지의 눈에는 돼지만 보이고, 부처님의 눈에는 부처님만 보이는 겁니다. 껄껄껄."
이성계는 부끄러워 얼굴이 빨개졌지요.

무학 대사에게서 배울 점은 무엇인가요?

5단계

🧑 가로 열쇠

2. **진흙이 굳어 이루어진 암석.** (과4-2, 62쪽)
   예) 퇴적암에는 ○○, 사암, 역암 등이 있어요.

3. **여러해살이풀. 6~7월에 황록색의 꽃을 피움.** (과4-2, 46쪽)
   예) 단옷날에 여자들은 ○○물에 머리를 감았어요.

5. **매운 냄새가 나는 식물. 양념으로 쓰임.** (과4-2, 30쪽)
   예) [속담] 귓구멍에 ○○쪽 박았나.

7. **자갈이 굳어 이루어진 암석.** (과4-2, 52쪽)
   예) ○○의 '역'은 '조약돌 역'으로 조약돌이 퇴적된 바위라는 뜻이에요.

8. **모방하여 만든 물건.** (과4-2, 72쪽)
   예) 전국 어린이 ○○ 항공기 대회에 나가 입상을 했어요.

9. **줄기에 붙어 땅속에서 양분을 빨아올리는 것.** (과4-2, 19쪽)
   예) [속담] ○○ 없는 나무가 없다.

🧑 세로 열쇠

1. **작고 동그란 단단한 물질.** (과4-2, 54쪽)
   예) 모래 ○○○가 햇빛에 반짝반짝 빛나요.

4. **작은 항아리 모양의 통.** (과4-2, 35쪽)
   예) 벌레잡이통풀은 ○○○ 속에 꿀샘이 있어 벌레를 유혹해요.

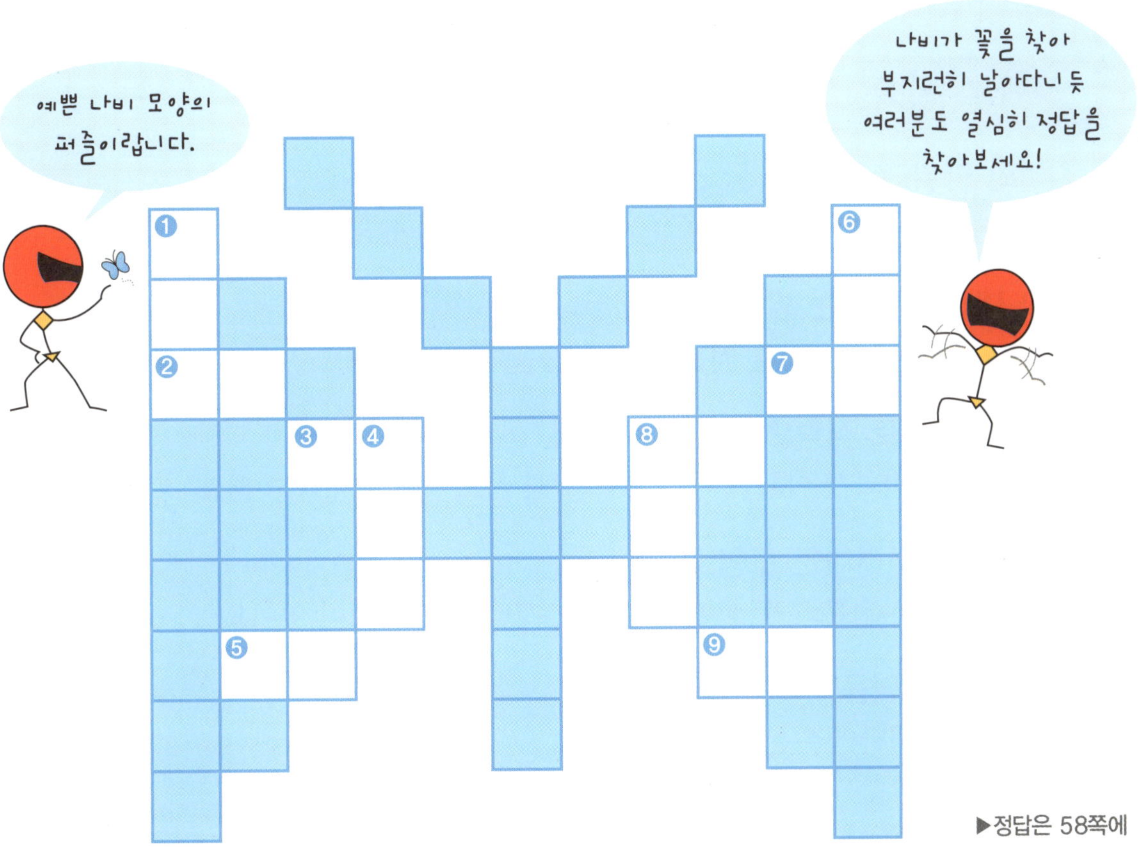

예쁜 나비 모양의 퍼즐이랍니다.

나비가 꽃을 찾아 부지런히 날아다니듯 여러분도 열심히 정답을 찾아보세요!

▶정답은 58쪽에

6. 동물의 뼈나 조개껍데기가 쌓여 만들어진 암석. (과4-2, 63쪽)

예 ○○○은 시멘트의 원료예요.

8. 모종을 옮겨 심을 때 사용하는 작은 삽. (과4-2, 31쪽)

예 ○○○으로 모종의 뿌리가 다치지 않게 옮겨 주는 것이 좋아요. [비슷한 말] 꽃삽

51

5단계

🟠 가로 열쇠

2. 길이의 단위. mm. (수익4-2, 37쪽)
　예) 1cm를 10등분한 길이를 ○○○○라고 해요. [영어] millimeter

3. 받아 내려 계산하는 방법. (수익4-2, 32쪽)
　예) '0.54-0.37'을 계산할 때는 ○○○○을 생각해야 해요.

5. 두 직선이 서로 직각으로 만나는 상태. (수4-2, 37쪽)
　예) 두 직선이 만나서 이루는 각이 직각일 때 서로 '○○'이라고 해요.

7. 선분으로만 둘러싸인 도형. (수4-2, 58쪽)
　예) ○○○에는 선분의 수에 따라 삼각형, 사각형, 오각형이 있어요.

8. 일정한 수를 넘음. (수4-2, 84쪽)
　예) 3 ○○ 5 미만인 수는 4예요.

🟠 세로 열쇠

1. 머리로 하는 셈. (수4-2, 5쪽)
　예) 받아올림이 없는 덧셈을 ○○○으로 해 보세요.

4. 아래쪽에 있는 마을. (수익4-2, 19쪽)
　예) 윗마을과 ○○○○은 서로 힘들 때 도와줘요.

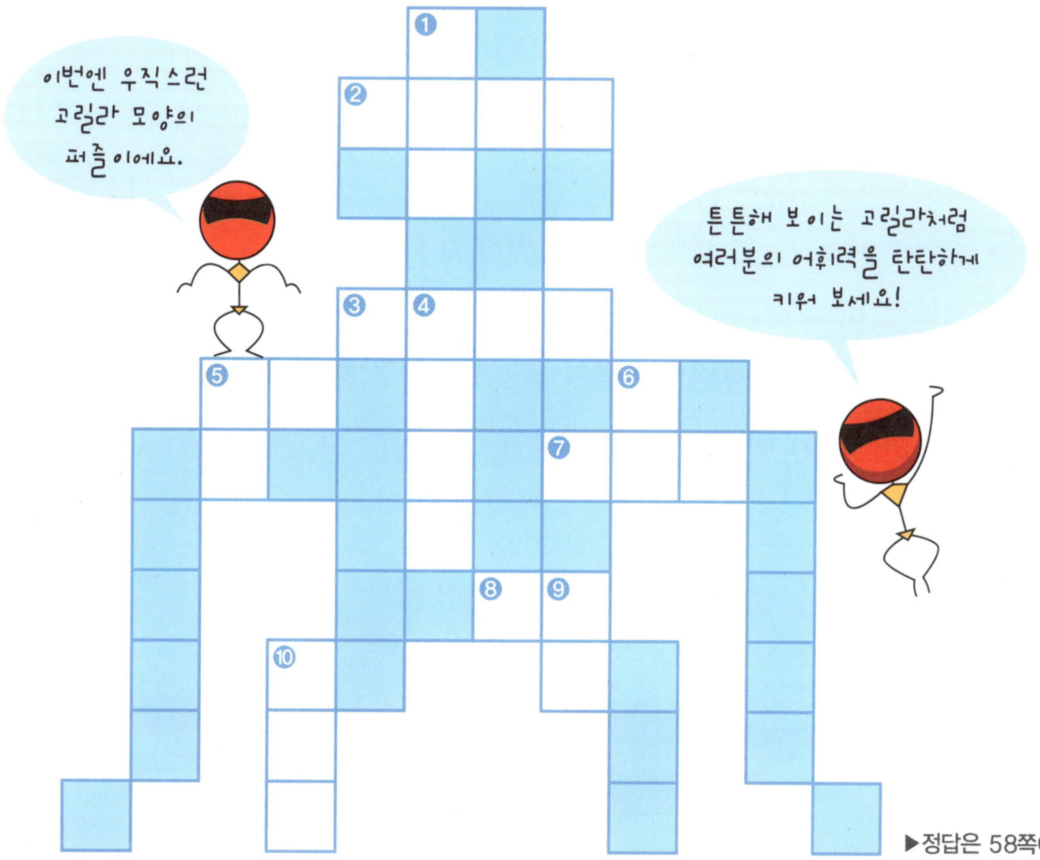

5. **수직하는 직선.** (수4-2, 37쪽)
   예) 두 직선이 수직일 때 한 직선을 다른 직선에 대한 '○○'이라고 해요.

6. **두 직선이 만나 이루는 90도의 각.**
   (수4-2, 36쪽)
   예) 칠판은 두 선분이 ○○으로 만나는 곳이 4군데 있어요.

9. **일이 되어 가는 정도.** (수4-2, 53쪽)
   예) 평행선을 그리는 ○○을 설명하세요.

10. **물결 모양의 구불구불한 선.** (수4-2, 103쪽)
    예) 필요 없는 부분은 ○○○으로 줄여서 그려야 해요.

5단계

🧡 가로 열쇠

2. **식물의 으뜸이 되는 뿌리.** (과4-2, 30쪽)
   예 명아주는 ○○○와 곁뿌리로 이루어져 있어요.

4. **두 겹으로 만든 벽.** (과4-2, 105쪽)
   예 ○○○은 소음을 방지하고 열이 새어 나가는 것을 막아 줘요.

5. **땅속의 마그마가 밖으로 솟구쳐 나와 이루어진 산.** (과4-2, 116쪽)
   예 제주도에 가면 ○○ 활동으로 만들어진 산방산을 볼 수 있어요.

7. **물질이 직접 이동하여 열이 전달되는 방법.** (과4-2, 94쪽)
   예 난방기를 한 곳에만 켜도 집안 전체가 따뜻해지는 것을 '○○'라고 해요.

8. **지표 가까이에서 마그마가 서서히 굳어진 암석.** (과4-2, 116쪽)
   예 제주도에서는 ○○○으로 돌하르방을 만들어요.

😤 세로 열쇠

1. **갖가지 나무와 풀을 모아 기르는 곳.** (과4-2, 36쪽)
   예 천리포 ○○○이 세상에서 가장 아름다운 수목원으로 꼽혔대요.

3. **원뿌리에서 갈라져 나간 작은 뿌리.** (과4-2, 30쪽)
   예 ○○○는 원뿌리 곁에 가늘게 붙어 있어요.

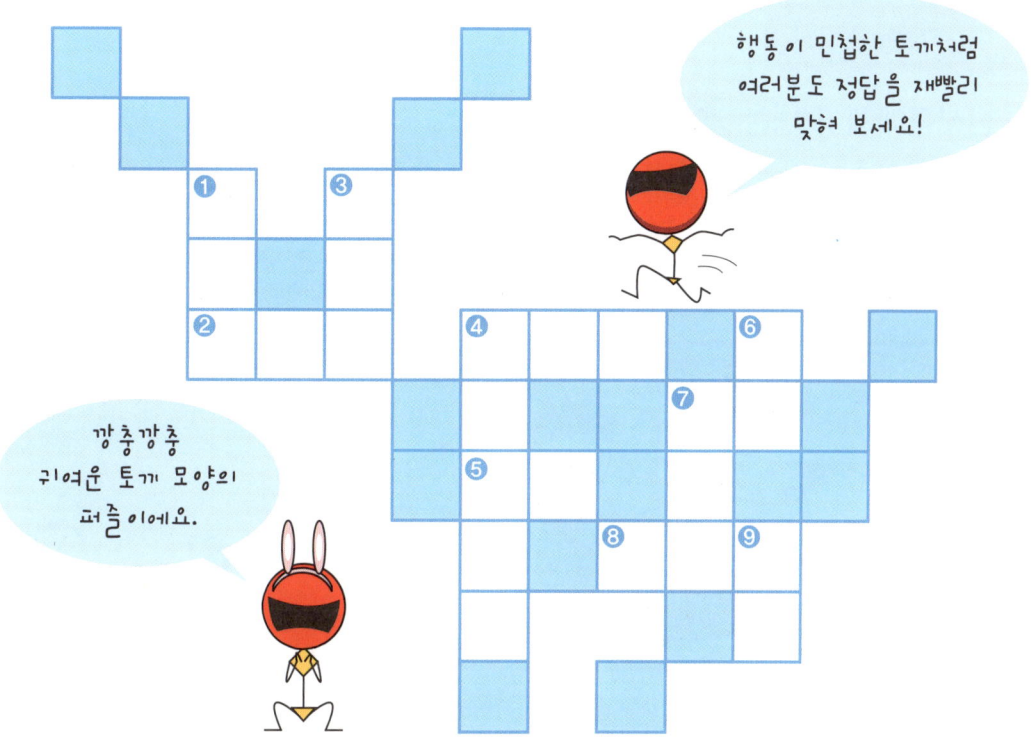

▶정답은 58쪽에

4. 공기보다 1.5배 무거운 무색 무취의 기체. 원소 기호 CO₂. (과4-2, 63쪽)
　예 ○○○○○는 탄소와 산소의 화합물로 '탄산가스'라고도 해요.

6. 종류에 따라 나눔. (과4-2, 148쪽)
　예 나뭇잎을 홑잎과 겹잎으로 ○○해 보시오.

7. 늘 푸른 여러해살이풀. 꽃이 잘 피지 않음.
　(과4-2, 31쪽)
　예 사군자의 하나. 매화, 난초, 국화, ○○○

9. 자연의 고체 알갱이들이 모여 단단하게 굳어진 덩어리. (과4-2, 50쪽)
　예 ○○을 흔히 '돌'이라고 불러요.

55

가로 열쇠

2. 산신령에게 지내는 제사. (사4-2, 58쪽)
   예 계룡산 ○○○는 공주 지역의 향토문화 축제예요. [비슷한 말] 산천제

4. 많은 사람이 휴가를 즐기는 기간. (사4-2, 76쪽)
   예 ○○○을 맞아 부산 해운대 해수욕장으로 놀러 가기로 결정했어요.

6. 산지에 이루어진 촌락. (사4-2, 50쪽)
   예 ○○○의 사람들은 주로 임업과 목축업에 종사해요.

9. 농산물과 수산물. (사4-2, 91쪽)
   예 ○○○○ 직거래 장터를 이용하면 싸게 구입할 수 있어요.

세로 열쇠

1. 경상북도 경주시 불국사 뒤에 있는 산. (사4-2, 71쪽)
   예 경주 ○○○에는 세계문화유산으로 지정된 석굴암도 있어요.

3. 물고기가 많이 잡히기를 비는 제사. (사4-2, 58쪽)
   예 어촌 마을의 축제인 ○○○는 중요무형문화재 제82호로 지정되었어요.

5. 국립공원 제9호로 조선팔경의 하나. 1,430m. (사4-2, 71쪽)
   예 ○○○에는 팔만대장경을 보관하고 있는 해인사가 있어요.

▶정답은 58쪽에

7. 국립공원 제1호로 남한에서 두 번째로 높은 산. 1,915m. (사4-2, 71쪽)
　예 ○○○에 머물면 어리석은 사람도 지혜로운 사람이 된대요.

8. 적은 수의 사람. (사4-2, 97쪽)
　예 ○○○의 의견이라고 무시하면 안 돼요. [반대말] 다수자

10. 물체의 재료. (사4-2, 82쪽)
　예 돈이나 ○○보다 생명이 더 중요해요. [비슷한 말] 재화

57

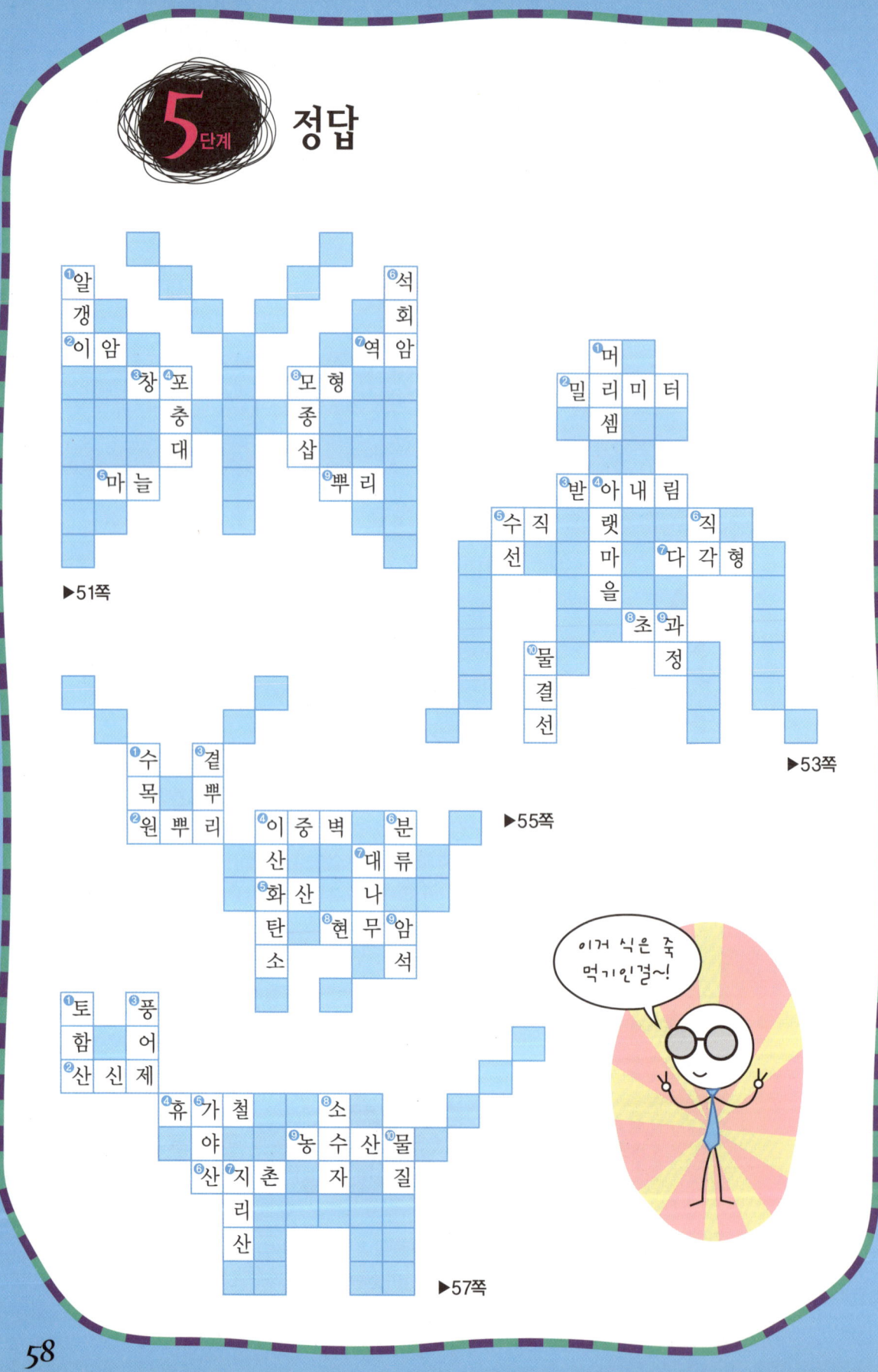

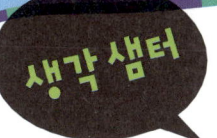

링컨의 양심

　링컨이 어렸을 때의 일이에요.
　링컨은 어렸을 때 집안이 가난하여, 마을의 조그만 가게 점원으로 일한 적이 있어요.
　어느 날 저녁, 물건 판 돈을 계산하는데 이상하게도 10센트의 돈이 남는 것이었어요. 곰곰이 생각해 보니, 앤디 할머니께 거스름돈을 덜 준 것을 깨닫게 되었어요. 링컨은 그 밤에 4km가 넘는 산길을 걸어 거스름돈을 전하고는 잘못을 사과하였어요.
　깜짝 놀란 앤디 할머니는 10센트 때문에 밤길을 걸어온 링컨을 오히려 나무랐어요.
　"할머니, 무슨 말씀이세요? 10센트가 아니라 1센트라도 돌려드려야지요."
　이 사건 이후로 링컨에게는 '어니스트 에이브'라는 별명이 붙었어요. 이 말은 '정직한 에이브'라는 뜻으로, 매우 명예로운 별명이었지요.
　링컨은 어려서부터 정직해서 많은 사람들의 사랑을 받았어요.

생각해 볼까요?
정직하게 살아야 하는 까닭은 무엇일까요?

6단계

🧒 가로 열쇠

2. 일정한 모양과 부피가 없는 물질. (과4-2, 94쪽)
  예 공기, 수소, 산소를 ○○라고 해요.

3. 한 장의 잎사귀로 된 잎. (과4-2, 26쪽)
  예 아카시아잎은 겹잎, 단풍잎은 ○○이에요.

5. 암석이 여러 층으로 쌓여 있는 것. (과4-2, 52쪽)
  예 부안 채석강에 가면 시루떡처럼 보이는 ○○을 볼 수 있어요.

7. 두해살이풀. 여름에 붉은빛이 도는 노란색 꽃이 핌. (과4-2, 46쪽)
  예 ○○은 엉겅퀴꽃을 닮았어요.

8. 바다 속 깊은 곳에 사는 무척추동물. (과4-2, 73쪽)
  예 보석으로 귀하게 여겨온 ○○는 식물이 아니에요.

10. 기체로 된 물질. (과4-2, 119쪽)
  예 화산이 분출할 때는 용암과 함께 화산○○도 나와요.

🧒 세로 열쇠

1. 불을 붙이기 위한 기구. (과4-2, 84쪽)
  예 ○○○를 이용해 알코올램프에 불을 붙였어요.

60

예쁜 나비 모양의 퍼즐이랍니다.

나비가 꽃을 찾아 부지런히 날아다니듯 여러분도 열심히 정답을 찾아보세요!

▶정답은 68쪽에

4. **파리를 잡아먹는 식충식물.** (과4-2, 34쪽)
   예 ○○○○은 잎 주변의 가시를 이용하여 벌레를 잡아먹어요.

6. **한해살이풀. 나팔 모양을 닮은 꽃.**
   (과4-2, 32쪽)
   예 [동요] 잠꾸러기 그만 자고 일어나라고 ○○○ 아가씨 나팔 불어요~

꽃이 나팔같이 생겼네!

9. **열과 압력을 가해 만든 물건.** (과4-2, 57쪽)
   예 ○○○○의 주원료는 석유와 석탄이에요.

61

6단계

🧒 가로 열쇠

2. 몸무게에 따라 분류한 등급의 하나. 레슬링 68kg 이하. (수익4-2, 99쪽)
   예) ○○○○ 타이틀전에서 챔피언의 주먹을 맞고 쓰러졌어요.

3. 네 각이 90°이고 네 변의 길이가 같은 사각형. (수4-2, 57쪽)
   예) 색종이는 ○○○○ 모양이에요.

5. 두 개의 물건이 떨어진 길이. (수4-2, 33쪽)
   예) 학교에서 도서관까지의 ○○는 모두 몇 km일까요?

6. 기준보다 적음. (수4-2, 83쪽)
   예) 3 ○○인 수는 1과 2예요.

7. 각도를 재는 기구. (수4-2, 39쪽)
   예) ○○○를 이용하여 30°를 재어 보시오.

8. 곧은 선. (수4-2, 37쪽)
   예) 길게 늘여도 만나지 않는 두 ○○은 철로예요.

🧒 세로 열쇠

1. 중국의 수도. 북경. (수익4-2, 95쪽)
   예) 2008년 중국 ○○○에서 올림픽이 열렸어요.

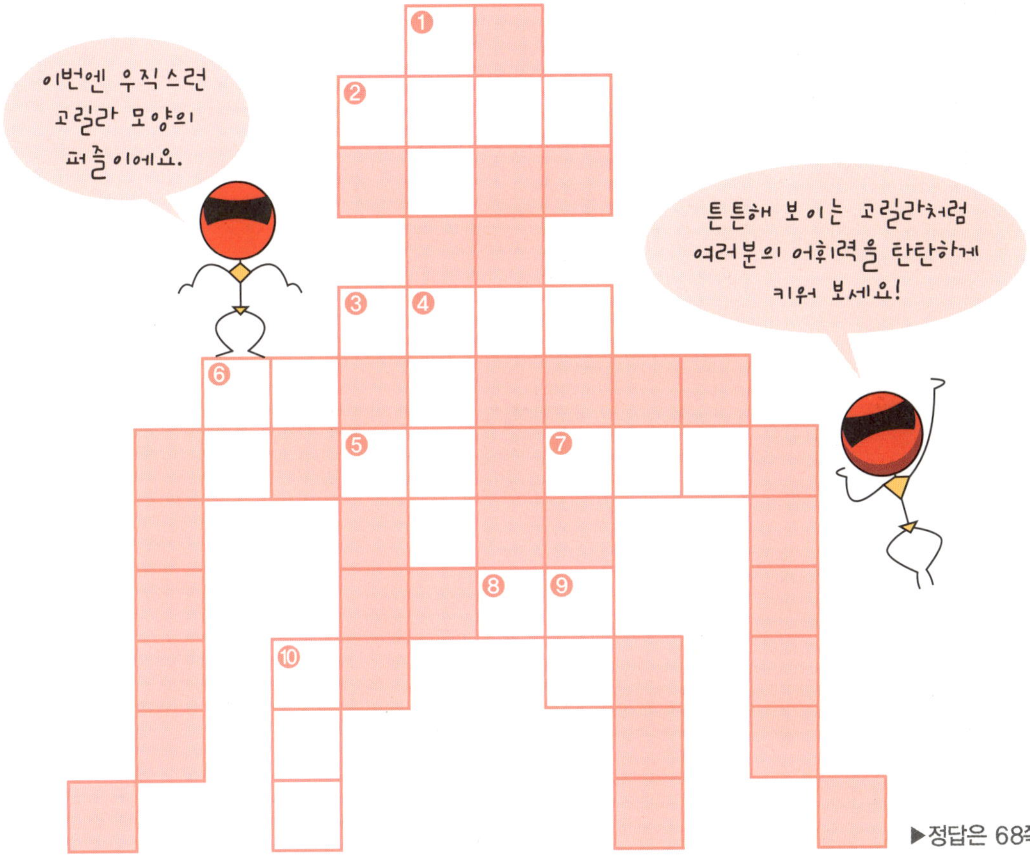

4. 한 쌍의 마주 보는 변이 평행한 사각형. (수4-2, 51쪽)
   예) 사다리는 ○○○○ 모양일까요?

6. 기준보다 많음. (수4-2, 82쪽)
   예) 5 ○○ 6 미만인 수는 5예요.
   [반대말] 이하

9. 두 점 사이를 가장 짧게 이은 직선. (수4-2, 36쪽)
   예) ○○은 직선과 달리 양쪽에 끝나는 점이 있어요.

10. 숫자가 표시되어 있는 직선. (수4-2, 82쪽)
    예) 1 이상 9 이하인 수를 ○○○에 나타내어 보시오.

6단계

🟠 가로 열쇠

2. 불을 내뿜는 아가리. (과4-2, 130쪽)
  예) 하와이 킬라우에아 화산의 ○○○ 지름은 1km로 최대래요.

4. 여름인 때. (과4-2, 105쪽)
  예) 날씨가 더운 ○○○만 되면 우리 가족은 피서를 떠나요.

5. 전라남도 해남군에 있는 읍. (과4-2, 74쪽)
  예) 땅끝마을은 ○○의 명소예요.

7. 찾아서 모음. (과4-2, 32쪽)
  예) 우리 할아버지는 식물을 ○○하는 게 취미예요.

8. 사람을 위로 아래로 실어 나르는 장치. (과4-2, 141쪽)
  예) ○○○가 열고 닫히는 문에 기대 있으면 위험해요. [비슷한 말] 리프트

🟡 세로 열쇠

1. 영양이 되는 성분. (과4-2, 34쪽)
  예) 줄기는 ○○○을 잎과 열매로 이동시키는 통로예요. [비슷한 말] 양분

3. 탁한 공기를 빼내기 위해 만든 기구. (과4-2, 107쪽)
  예) 화장실 냄새가 빠지도록 ○○○를 작동시키세요.

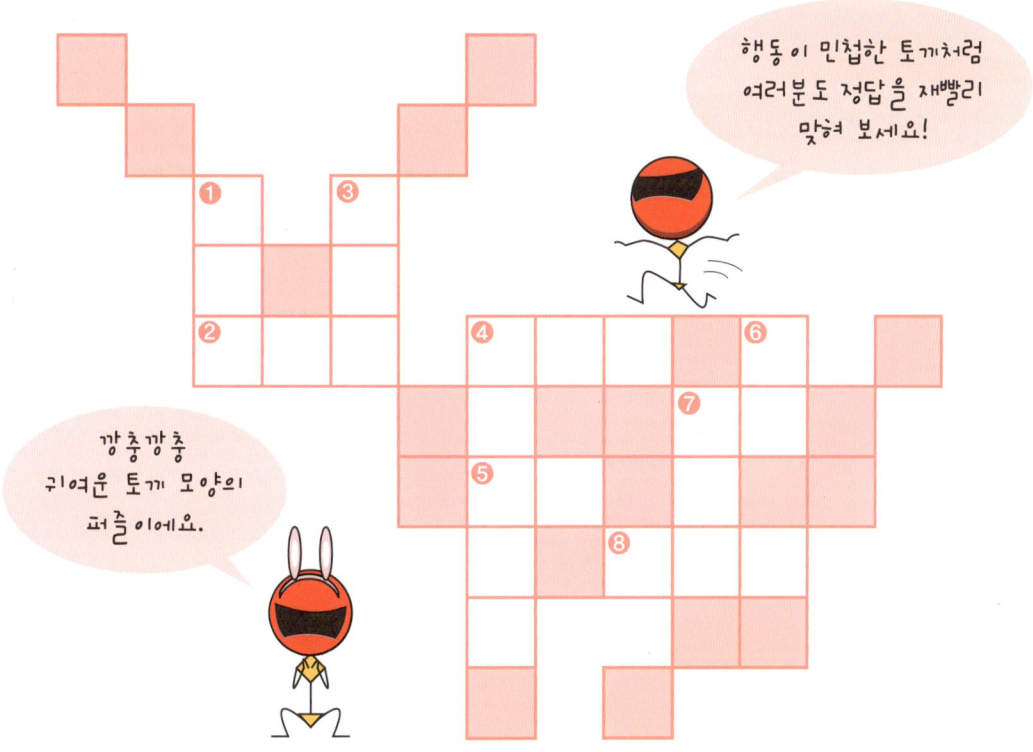

▶정답은 68쪽에

4. 여러 해 동안 살아감. (과4-2, 34쪽)

　예 국화는 ○○○○○ 식물이에요. [비슷한 말] 다년생

6. 여러 가지 물건을 모음. (과4-2, 131쪽)

　예 우리 누나는 연예인 사진을 ○○하는 게 취미예요.

7. 전라북도 부안의 대표적인 명소. (과4-2, 51쪽)

　예 ○○○은 강이 아니라 층암절벽과 바다를 총칭하는 이름이에요.

6단계

🔶 가로 열쇠

1. 기량과 재능을 가지고 있는 사람. (사4-2, 23쪽)
   예) 국제기능올림픽대회에 세계 각국의 우수 ○○○이 많이 참여했어요.

3. 광주광역시와 전남 화순군 사이에 있는 산. 1,187m. (사4-2, 71쪽)
   예) ○○○은 작설차와 수박으로 유명한 산이에요.

5. 탈것을 타고 다니는 데 드는 비용. (사4-2, 30쪽)
   예) 버스비, 택시비뿐만 아니라 자동차 연료비도 ○○○에 속해요.

8. 충청남도 서부에 돌출해 있는 반도. (사4-2, 71쪽)
   예) ○○○○는 해안선이 복잡하고 넓은 갯벌이 많아요.

11. 죽은 사람의 넋을 기리는 의식. (사4-2, 58쪽)
    예) [속담] 남이야 지게 지고 ○○를 지내건 말건.

🔶 세로 열쇠

2. 연예계에 종사하는 사람. (사4-2, 23쪽)
   예) '소녀시대'는 내가 제일 좋아하는 ○○○이에요.

4. 등교와 하교. (사4-2, 76쪽)
   예) ○○○ 시간에 어린이 교통사고가 제일 많이 일어난대요.

▶정답은 68쪽에

6. 통신에 드는 비용. (사4-2, 30쪽)
  예) 우편 요금, 전화 요금, 인터넷 요금 등은 ○○○에 속해요.

7. 집안에서 하는 일. (사4-2, 109쪽)
  예) 요즈음은 ○○○을 어머니 혼자 하지 않고 나누어서 해요.

9. 사람이 많이 사는 지역. (사4-2, 50쪽)
  예) 인구가 ○○로 집중되는 까닭은 무엇일까요? [비슷한 말] 도회지

10. 파도를 막기 위해 쌓은 둑. (사4-2, 52쪽)
  예) 바닷가에 가면 ○○○에서 낚시를 하는 사람을 볼 수 있어요.

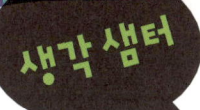

처칠 수상의 교통 위반

영국 수상 처칠이 국회에서 연설을 하기 위해 가던 중 시간이 급해 과속으로 달리다가 교통 경찰의 단속을 받았어요.

운전 기사가 '수상 각하의 차'라고 했더니, 교통 경찰은 뒷자리에 앉은 처칠을 힐끗 보았어요.

"수상을 닮긴 했는데, 그분이 교통 위반을 할 리가 없소. 당신은 교통 위반에 수상 사칭까지 했소."

교통 경찰은 운전 기사에게 경찰 출두서를 발급하였어요.

직무에 충실한 교통 경찰의 태도에 감동한 처칠 수상은 경시총감에게 전화를 했어요.

"그 모범 경찰을 1계급 특진시키시오."

그러자 경시총감이 대답했어요.

"경찰이 직무에 충실한 것은 당연한 임무 수행입니다. 그런 일로 1계급 특진시킬 법 규정이 없어서 수상의 요청을 받아들일 수 없습니다."

처칠 수상은 경시총감의 규칙을 지키려는 태도에 또 한 번 감동했어요.

생각해 볼까요?

교통 경찰과 경시총감의 훌륭한 점은 무엇인가요?

7단계

🙂 가로 열쇠

2. 재료가 가진 성질. (과4-2, 110쪽)
　📗 소방복은 불을 차단하는 특수 ○○로 만들어졌어요.

3. 방 안을 따뜻하게 함. (과4-2, 110쪽)
　📗 보일러는 겨울철의 대표적인 ○○용품이에요. [반대말] 냉방

6. 열을 전하는 현상. (과4-2, 85쪽)
　📗 냄비 손잡이가 뜨거워지는 현상을 열의 '○○'라고 해요.

8. 생명을 가진 물체. (과4-2, 51쪽)
　📗 ○○도 생명이 없어지면 무생물이 돼요.

9. 땅속에 묻히어 있음. (과4-2, 73쪽)
　📗 석유와 석탄의 ○○량은 한정되어 있어요.

10. '나라'의 법적 호칭. (과4-2, 143쪽)
　📗 국민, 영토, 주권을 ○○의 3요소라고 해요.

😠 세로 열쇠

1. 화산에서 분출된 재. (과4-2, 119쪽)
　📗 화산이 분출할 때 용암뿐만 아니라 ○○○도 나와요.

4. 추위를 막기 위해 입는 옷. (과4-2, 107쪽)
예 ○○○은 추운 지방에 사는 사람들의 필수품이에요. [비슷한 말] 방한의

5. 유리공 안에 필라멘트를 넣어 하얀 빛을 내게 만든 전구. (과4-2, 98쪽)
예 ○○○○는 토머스 에디슨의 발명품이에요.

7. 물이나 바람에 의해 풍화된 암석의 알갱이들이 쌓인 것. (과4-2, 60쪽)
예 ○○○이 오랜 시간이 지나면 단단한 퇴적암으로 변해요.

9. 신생대 빙하기에 살았던 코끼리의 조상. (과4-2, 69쪽)
예 멸종된 ○○○는 퇴적암의 화석에서 볼 수 있어요.

71

7단계

🔑 가로 열쇠

2. **변의 길이와 각의 크기가 모두 같은 육각형.** (수4-2, 59쪽)
   예) 꿀벌은 ○○○○ 모양으로 집을 만들어요.

3. **네 각이 모두 직각인 사각형.** (수익4-2, 47쪽)
   예) 수학책은 ○○○○ 모양이에요.

5. **수의 처음.** (수익4-2, 101쪽)
   예) ○○, 둘, 셋, 넷, 구령에 맞추어 행진하세요.

6. **가장 낮음.** (수익4-2, 118쪽)
   예) 하루 중 ○○ 기온과 최고 기온의 차를 '일교차' 라고 해요.

8. **물을 모아 두기 위해 만든 큰 못.** (수익4-2, 117쪽)
   예) 충청남도 예산에 있는 예당 ○○○는 우리나라에서 제일 커요.

10. **모두 다.** (수익4-2, 7쪽)
    예) 홍수로 마을 ○○가 물바다가 되었어요.

🔑 세로 열쇠

1. **고기를 파는 가게.** (수익4-2, 31쪽)
   예) ○○○에서 쇠고기 한 근을 샀어요.

4. **사과 열매가 달리는 나무.** (수익4-2, 15쪽)
   예) ○○○○에 사과가 주렁주렁 열렸어요.

6. 가장 높음. (수익 4-2, 116쪽)

　예) 1943년 대구에서 관측된 ○○ 기온은 40°래요.

7. 0보다 크고 1보다 작은 수. (수익4-2, 22쪽)

　예) ○○는 0 다음에 점을 찍어 나타내요. '0.123'.

9. 다달이. (수익4-2, 113쪽)

　예) 4학년에서는 ○○ 현장학습을 가기로 했어요.

7단계

가로 열쇠

2. **대나 싸리로 엮은 그릇.** (과4-2, 46쪽)
   - 예) 깨끗이 씻은 채소는 ○○○에 건져 물기를 빼는 게 좋아요.

3. **아주 짧은 시간.** (과4-2, 34쪽)
   - 예) 워낙 ○○○에 일어난 일이라 뭐라고 말씀드리기 어려워요.

4. **기계와 기구.** (과4-2, 96쪽)
   - 예) 스포이트와 시험관은 과학 실험 ○○예요.

6. **지구 내부에서 나는 열.** (과4-2, 128쪽)
   - 예) 화산이 많은 뉴질랜드에서는 ○○발전을 이용해 전기를 얻어요.

세로 열쇠

1. **전기를 일으키는 곳.** (과4-2, 128쪽)
   - 예) 시화호에 세계 최대 규모의 조력○○○가 세워져요.

3. **낙엽관목. 여름에 보라색과 흰색 꽃을 피움.** (과4-2, 44쪽)
   - 예) ○○○○○는 바닷가 모래땅에서 바닥에 눕듯이 옆으로 자라요.

5. **열이 통하지 않도록 차단함.** (과4-2, 105쪽)
   - 예) 스티로폼은 열의 손실을 막아 주는 대표적인 ○○제품이에요.

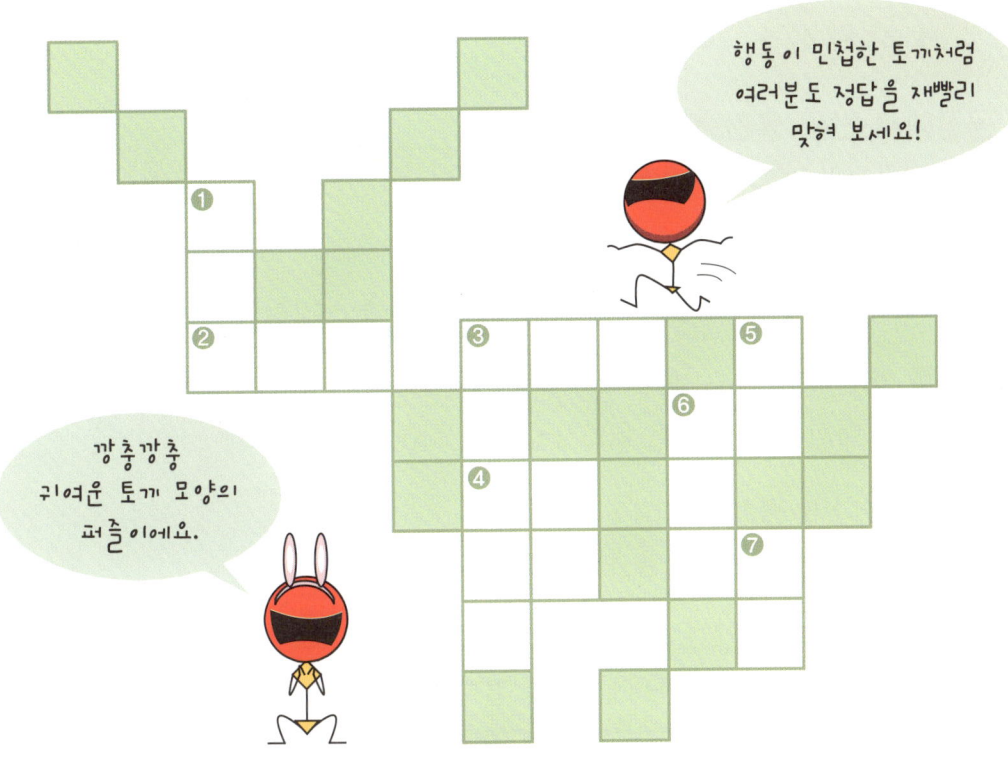

▶정답은 78쪽에

6. 땅 밑을 흐르는 물. (과4-2, 79쪽)

　예 음식물 쓰레기 매립으로 ○○○가 오염되고 있어요.

7. 국을 뜨는 데 사용하는 기구. (과4-2, 87쪽)

　예 [속담] 끓는 물에 ○○ 휘젓는다.

7단계

🟠 가로 열쇠

2. **공장에서 만든 물건.** (사4-2, 40쪽)
   예) 소비자보다 제조업자에게 책임을 묻는 법을 '○○○ 책임법'이라고 해요.

4. **축구할 때 신는 운동화.** (사4-2, 27쪽)
   예) 한 켤레의 ○○○가 이루어 낸 기적을 그린 축구 영화를 보았어요.

6. **원고를 쓰는 종이.** (사4-2, 136쪽)
   예) 글짓기 대회 원고 분량은 200자 ○○○ 10매 내외예요.

9. **스스로 원하여 봉사함.** (사4-2, 22쪽)
   예) 어머니께서는 결손가정을 위한 ○○○○활동을 하셔요.

11. **남에게 구속되지 않고 마음대로 행동함.** (사4-2, 39쪽)
    예) 모든 국민은 언론·출판의 ○○와 결사·집회의 ○○를 가진다.

🟠 세로 열쇠

1. **물체를 붙이는 데 쓰는 물질.** (사4-2, 37쪽)
   예) 장난감이 부서져 ○○○를 이용해 붙였어요.

3. **지역의 특별한 산물.** (사4-2, 82쪽)
   예) 강화의 ○○○은 화문석이에요.

▶ 정답은 78쪽에

5. 어떤 조직을 이루고 있는 사람들. (사4-2, 99쪽)
   예) 핵가족과 확대가족은 ○○○의 세대수에 따라 나누는 방법이에요.

7. 노인의 인구 비율이 높은 상태. (사4-2, 82쪽)
   예) 노인의 인구 비율이 7% 이상을 차지할 때 '○○○ 사회'라고 해요.

8. 위원들로 구성된 합의 기관. (사4-2, 42쪽)
   예) 문제가 발생했을 때 소비자 분쟁 조정 ○○○에서 해결해 줘요.

10. 북한에서 탈출해 우리나라에서 살고 있는 사람. (사4-2, 132쪽)
    예) 해마다 ○○○의 수가 늘어난다고 해요.

정답

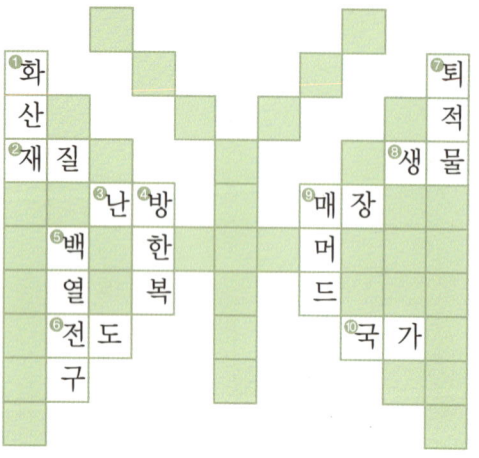
▶71쪽

▶73쪽

▶75쪽

▶77쪽

생각 샘터

하루살이와 메뚜기와 개구리

하루살이와 메뚜기가 함께 놀았어요. 저녁이 되자 메뚜기가 말했어요.
"오늘은 그만 놀고 내일 또 놀자."
그러자 하루살이가 물었어요.
"내일이 뭐야?"
"어, 내일이란 캄캄한 밤이 지나면 다시 오늘과 같은 밝은 날이 오는데 그것이 바로 내일이야."
메뚜기가 가르쳐 주었지만 하루살이는 도무지 이해할 수 없었어요.
개구리와 메뚜기가 놀았어요. 저녁이 되자 개구리가 말했어요.
"오늘은 그만 놀자. 그리고 날씨가 추워지니 우리 내년에나 만나자."
그러자 메뚜기가 물었어요.
"내년이 뭐야?"
"어, 내년이란 눈이 오고 얼음이 언 다음 다시 봄이 오는 거야."
개구리가 가르쳐 주었지만 메뚜기는 통 알아들을 수가 없었어요.

생각해 볼까요?

시간을 아껴 쓰는 계획적인 생활이 이루어지지 않을 때 어떤 결과가 생길까요?

🔸 가로 열쇠

2. **이를 속되게 이르는 말.** (과4-2, 68쪽)
   예) 달팽이는 1만 개가 넘는 ○○을 가지고 있어요.

3. **실내의 온도를 낮추는 일.** (과4-2, 110쪽)
   예) 에어컨은 여름철의 대표적인 ○○ 기구예요.

6. **남의 눈을 피해 재빠르게.** (과4-2, 96쪽)
   예) [동요] 둘이 ○○ 손잡고 오른쪽으로 돌아요~

8. **한해살이풀. 6~10월에 흰색, 노란색, 붉은색의 꽃을 피움.** (과4-2, 24쪽)
   예) ○○의 검정색 씨앗 속에는 하얀 분가루가 들어 있어요.

9. **일정한 온도로 보전함.** (과4-2, 102쪽)
   예) 끓인 물을 ○○병에 담아 왔어요.

🔸 세로 열쇠

1. **발이 세 개 달린 기구.** (과4-2, 84쪽)
   예) ○○○와 알코올램프는 과학 실험 기구예요.

4. **고생대에 번성했던 원생동물. 푸줄리나.** (과4-2, 73쪽)
   예) ○○○의 몸은 방추형이고 석회질의 껍데기를 가지고 있어요.

80

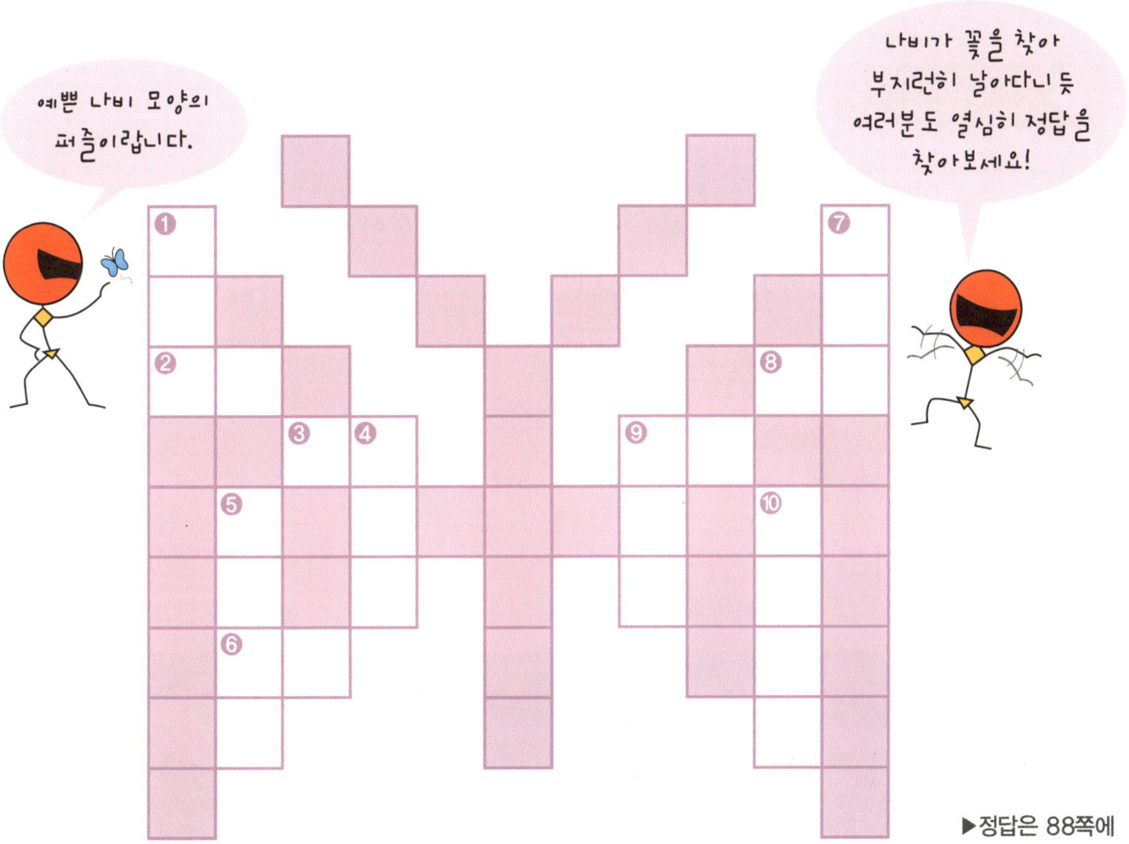

5. 늘푸른떨기나무. 2~3월에 작고 노란 꽃을 피움. (과4-2, 25쪽)
   예) ○○○는 참나무와 자작나무의 나뭇가지에 기생하는 식물이에요.

7. 여러해살이 물풀. 8~9월에 황색의 꽃을 피움. (과4-2, 41쪽)
   예) 꽃이 물위에 뜨는 식물인 ○○○은 연꽃과 많이 닮았어요.

9. 눈을 보호하기 위해 쓰는 안경. (과4-2, 54쪽)
   예) 과학 실험을 할 때는 ○○○을 꼭 써야 해요.

10. 마음속에 지도를 그리듯 정리하는 방법. (과4-2, 129쪽)
    예) ○○○○으로 공부하면 창의력이 길러진대요.

8단계

🟠 가로 열쇠

2. **팽이를 채로 쳐서 돌리는 놀이.** (수4-2, 110쪽)
   📗 옛날 아이들은 얼음판 위에서 ○○○○를 하며 놀았어요.

3. **공중을 건너지른 줄 위로 차를 매달아 사람을 실어나르는 차.** (수4-2, 93쪽)
   📗 서울의 남산에는 ○○○○가 설치되어 있어요. [영어] cablecar

5. **합하여 계산함.** (수익4-2, 110쪽)
   📗 '1+2+3+4' 의 ○○는 얼마입니까? [비슷한 말] 합산

7. **수학을 연구하는 사람.** (수익4-2, 137쪽)
   📗 그리스의 ○○○ 아르키메데스는 목욕탕을 뛰쳐나와 '유레카' 라고 외쳤어요.

9. **물건의 값.** (수익4-2, 105쪽)
   📗 연필 1자루의 ○○은 얼마입니까?

🟠 세로 열쇠

1. **종이를 길게 자른 것.** (수4-2, 17쪽)
   📗 리본을 묶으려면 긴 ○○○가 있어야 해요. [영어] tape

4. **수도는 로마.** (수익4-2, 95쪽)
   📗 물의 도시 베네치아는 ○○○○의 도시예요.

82

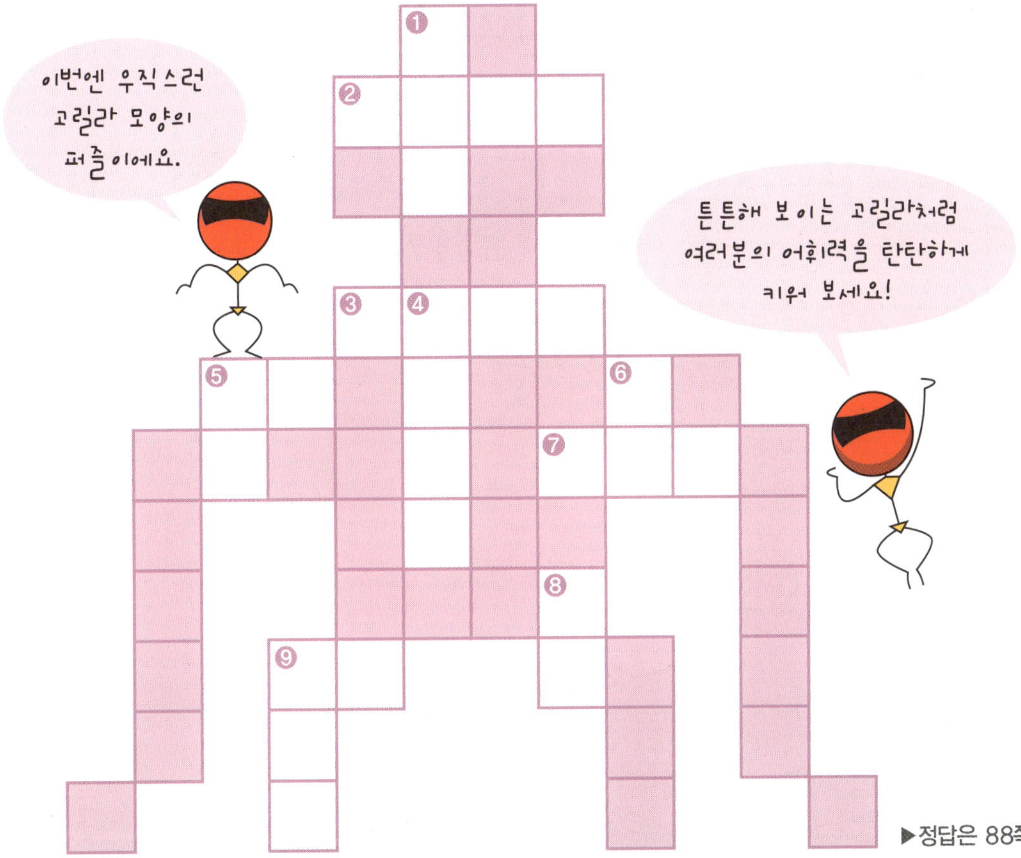

5. 여러 사람이 부르는 노래. (수익4-2, 111쪽)
   예) 교내 ○○ 대회에 나가기 위해 열심히 연습했어요.

6. 학교에 들어감. (수익4-2, 109쪽)
   예) 초등학교에 ○○한 때가 엊그제 같은데 벌써 4학년이 되었네요.

8. 돈이나 물건을 빌려 줌. (수익4-2, 120쪽)
   예) 도서실에서 읽고 싶은 책을 ○○했어요.

9. 분자가 분모와 같거나 큰 분수. (수익4-2, 4쪽)
   예) 신생아는 몸에 비해 유난히 머리가 큰 ○○○ 모양이에요.

🧡 가로 열쇠

2. 뭉쳐 있는 더미. (과4-2, 136쪽)
  예) 대승사의 돌○○○는 임진왜란 때 의병들이 쌓은 것이래요.

4. 많은 해 동안 살아 있음. (과4-2, 38쪽)
  예) 나무는 ○○○ 식물로 해마다 조금씩 자라요. [비슷한 말] 여러해살이

5. 훨씬 더. (과4-2, 71쪽)
  예) ○○ 오랜 옛날에는 사람이 안 살았대요. [비슷한 말] 매우

7. 일정한 모양과 부피를 가지고 있는 물체. (과4-2, 99쪽)
  예) 물이 얼면 ○○인 얼음이 돼요.

8. 4~7월에 붉은색과 흰색의 꽃을 피움. 상록관목. (과4-2, 46쪽)
  예) ○○○은 '왜철쭉' 이라고도 불러요.

🧡 세로 열쇠

1. 덩굴식물. 5월에 연한 자주색 꽃을 피움. (과4-2, 26쪽)
  예) 시원한 그늘을 주는 ○○○는 줄기를 오른쪽 방향으로 휘감아 올라가요.

3. 측정하는 데 사용하는 기구. (과4-2, 142쪽)
  예) 음주 ○○○는 혈중 알코올 농도를 측정하는 기계예요.

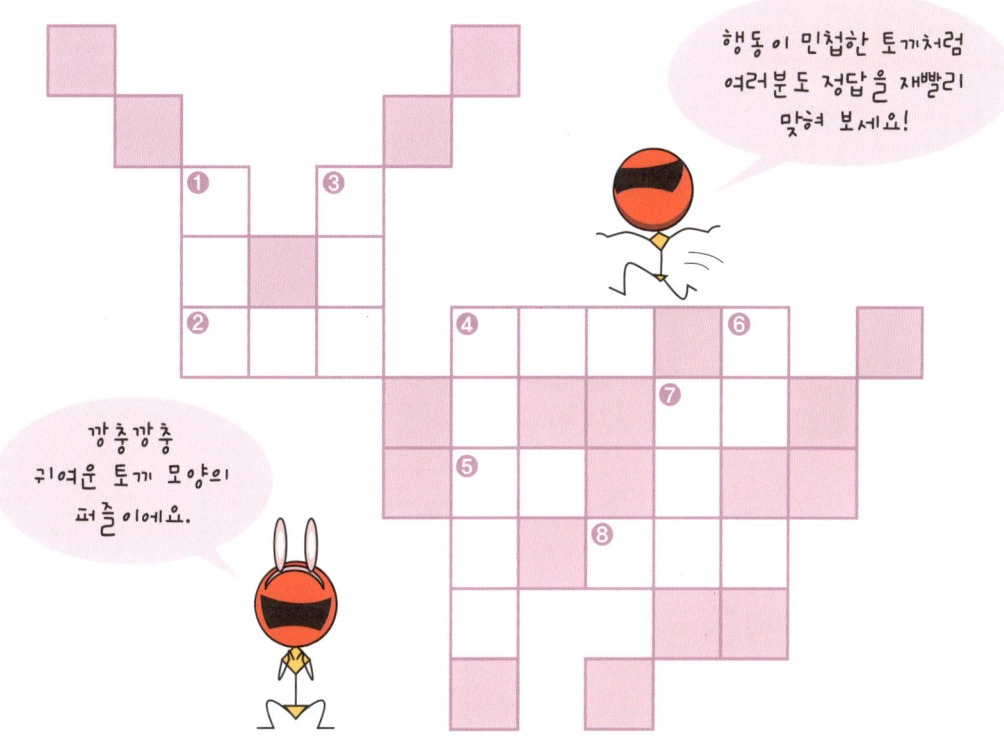

▶정답은 88쪽에

4. **천연광물 중 제일 단단하고 아름다운 암석. 금강석.** (과4-2, 64쪽)

　예 여자들은 결혼 예물로 ○○○○○ 반지를 받고 싶어해요. [영어] diamond

6. **흐르는 물질.** (과4-2, 99쪽)

　예 얼음이 녹으면 ○○인 물이 되어요.

7. **전라북도 군산시에 있는 섬.** (과4-2, 59쪽)

　예 ○○○군도는 63개의 크고 작은 섬으로 이루어져 있어요.

8단계

가로 열쇠

2. **물건을 생산한 곳.** (사4-2, 40쪽)
   예) 물건을 생산한 곳을 표시하는 것을 '○○○ 표시제'라고 해요.

4. **각종 통계 처리를 맡아보는 관청.** (사4-2, 70쪽)
   예) ○○○의 발표에 따르면 에너지 빈곤층의 비율이 갈수록 늘어난대요.

6. **산책할 수 있게 만든 길.** (사4-2, 93쪽)
   예) 제주도 올레길은 세계에서도 인정한 유명한 ○○○예요.

9. **세계 여러 나라의 비행기가 뜨고 내리는 공항.** (사4-2, 74쪽)
   예) 김포 ○○○○에서 신혼여행을 가는 삼촌을 배웅했어요.

11. **액세서리로 꾸밈.** (사4-2, 48쪽)
    예) 격에 어울리지 않는 지나친 ○○은 혐오감을 줘요.

세로 열쇠

1. **은행에서 일하는 사람.** (사4-2, 23쪽)
   예) 우리 동네 은행의 ○○○은 무척 친절해요.

3. **경관이 뛰어나 볼 만한 곳.** (사4-2, 52쪽)
   예) 제주도는 외국인이 많이 찾는 국제적인 ○○○예요.

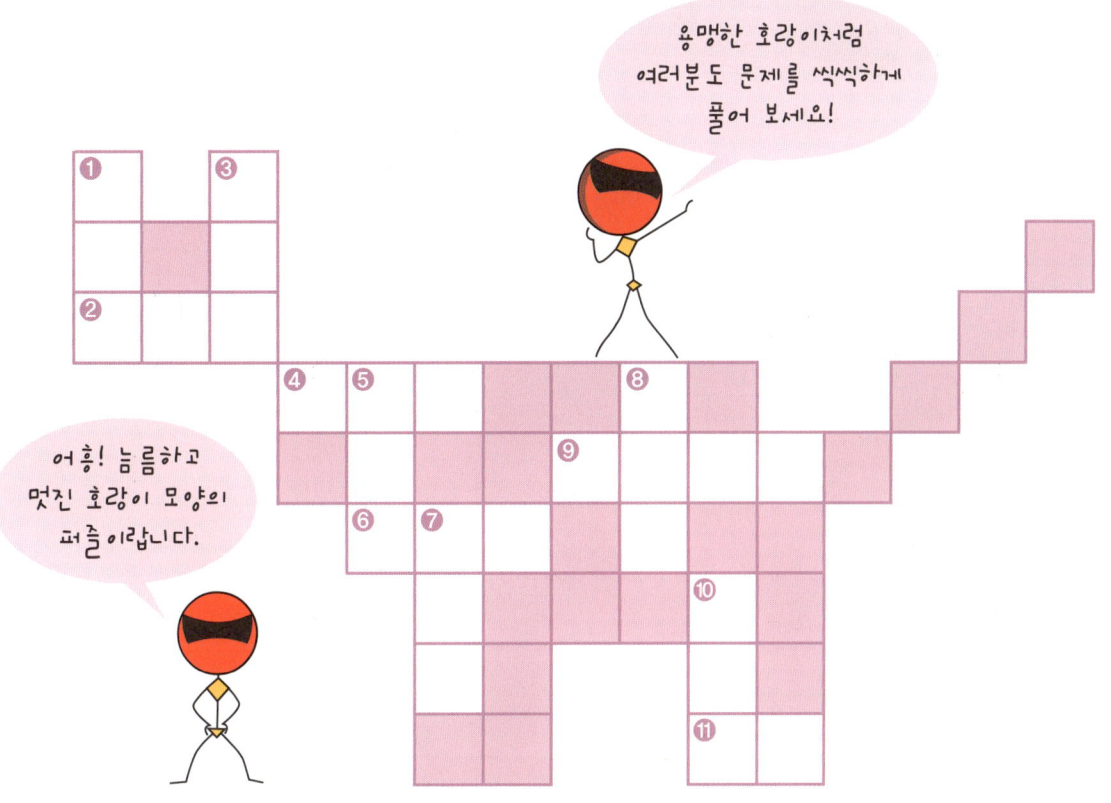

▶ 정답은 88쪽에

5. **국립공원 제3호. 845m.** (사4-2, 71쪽)
   예) ○○○은 닭의 볏을 쓴 용을 닮았다고 해서 붙여진 이름이에요.

7. **책임을 지게 하는 법.** (사4-2, 40쪽)
   예) 제조물 ○○○은 상품에 대한 책임을 제조업체가 더 지는 법이에요.

8. **우리나라에서 두 번째로 큰 섬.** (사4-2, 74쪽)
   예) 거제대교는 ○○○와 충무시를 잇는 긴 다리예요.

10. **생산자가 소비자에게 직접 판매하는 장소.**
    (사4-2, 57쪽)
    예) ○○○을 이용하면 싱싱한 물건을 싸게 살 수 있어요.

정답

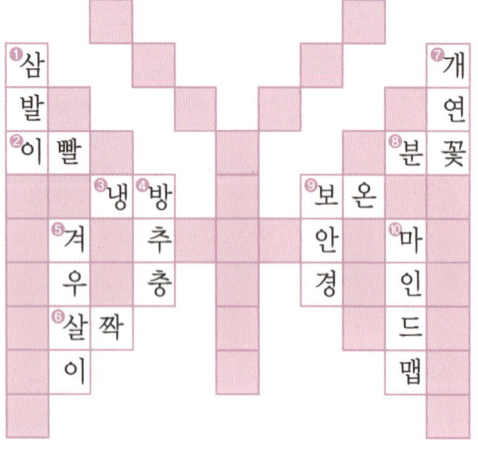

▶81쪽

▶83쪽

▶85쪽

▶87쪽

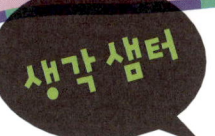

늙은 말의 지혜

　옛날 중국 진나라가 이웃 나라와 큰 싸움을 하고 돌아오는 길이었어요. 그런데 찬바람과 눈보라가 사정없이 휘몰아쳐 군사들은 많은 고생을 하였어요.

　그러다 마침내 온 천지가 눈에 덮이고 끝내는 방향까지 잃어 산속을 이리저리 헤매었어요. 추위와 굶주림에 길까지 잃어 모두 산속에서 얼어 죽을 지경이 되었어요. 대장이나 군사들은 모두 어쩔 줄 모르고 당황했어요.

　그때, 나이 많은 군사 한 사람이 앞으로 나와 대장에게 말했어요.

　"늙은 말을 앞장세우십시오. 늙은 말은 경험이 많아 본능적인 감각으로 왔던 길을 제대로 찾아갈 것입니다."

　대장은 그의 말대로 늙은 말을 앞장세웠어요. 그리하여 무사히 자기 나라로 돌아오게 되었지요.

　대장이 군사들에게 말했어요.

　"사람이나 짐승이나 어려운 일을 해결하는 데는 노인의 지혜와 경험이 큰 몫을 한다. 우리는 마땅히 그들을 공경하면서 그 지혜와 경험을 배워야 한다."

생각해 볼까요?

나이 많은 사람에게서 배워야 할 것들에는 어떤 것들이 있나요?

9단계

가로 열쇠

2. 무거운 정도. (체4, 33쪽)
   예) 표준 체중이 130~150 미만일 때 ○○ 비만이라고 해요.

3. 웃는 일. (음4, 18쪽)
   예) [속담] ○○ 끝에 눈물.

5. 소라껍데기로 만든 국악기. (음4, 57쪽)
   예) ○○은 소라의 살을 빼낸 뒤 꼭지 부분에 구멍을 내어 만든 악기예요.

7. 사라진 뒤에도 그 감각이 남아 있는 현상. (미3·4, 110쪽)
   예) 어제 본 만화 영화의 ○○이 아직도 뇌리에 남아 있어요.

8. 노래의 말. (음4, 7쪽)
   예) 아리랑의 ○○는 지방마다 달라요. [비슷한 말] 노랫말

10. 귀에 들리는 것. (음4, 14쪽)
    예) [동요] 쪼로롱 ○○날까 그냥 듭니다~ [비슷한 말] 음성

세로 열쇠

1. 표준에 비해 지나치게 많은 몸무게. (체4, 33쪽)
   예) 표준 체중이 110~120 미만일 때 ○○○이라고 해요.

4. 음악을 연주하는 모임. (음4, 68쪽)
   예 '열린 ○○○'는 KBS 방송의 대표적인 음악 프로그램이에요.

6. 반가부좌 자세로 앉아 있는 상. (미3·4, 115쪽)
   예 국보 제83호인 금동미륵보살○○○은 삼국 시대를 대표하는 불상이에요.

8. 손가락으로 뜯어 소리를 내는 열두 줄의 현악기. (음4, 13쪽)
   예 국악기인 ○○○은 우륵이 만들었어요.

9. 경기민요의 하나. 본래 창부타령이 변하여 된 노래. (음4, 41쪽)
   예 [민요] ○○○○ 니나노 난실로 내가 돌아간다~ [비슷한 말] 늴리리타령

🟠 가로 열쇠

2. 서로 정보를 주고받는 통신망. (생4-2, 33쪽)
   예) ○○○○ 사용자들이 지켜야 할 예의범절을 '네티켓' 이라고 해요.

4. 쓰고 난 뒤에 버리는 물. (생4-2, 74쪽)
   예) 수질오염을 줄이기 위해서는 ○○ 처리 시설을 의무화해야 해요.

5. 물이 파도처럼 움직이는 모양. (생4-2, 115쪽)
   예) [속담] 바람 부는 대로 ○○ 치는 대로.

7. 남아메리카에 있는 강으로, 세계에서 두 번째로 긴 강. (생4-2, 77쪽)
   예) 지구 온난화로 인해 ○○○ 밀림이 파괴되기 시작했어요.

8. 족제비보다 약간 큰 멸종 위기종 포유류. 겨울에는 담색으로 변함. (생4-2, 75쪽)
   예) [속담] 범 잡아먹는 ○○가 있다.

10. 안에서 밖으로 밀어냄. (생4-2, 74쪽)
    예) 정화되지 않은 공장 폐수가 강으로 ○○되었어요.

🟠 세로 열쇠

1. 음료를 담는 일회용 병. (생4-2, 87쪽)
   예) ○○○이 썩는 데 걸리는 시간은 500년 이상이에요.

여기에다 물, 우유, 콜라, 사이다 등을 담아서 팔아!

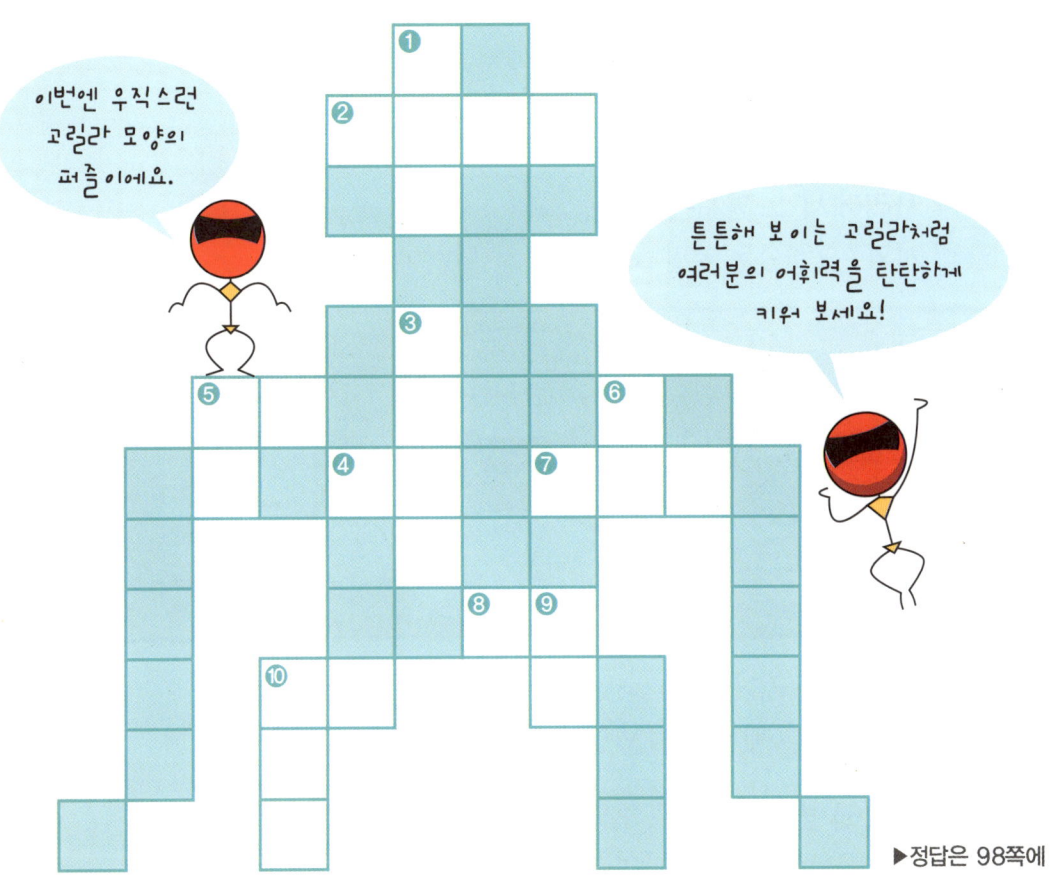

▶정답은 98쪽에

3. 쓰레기를 종류별로 분류하여 수거하는 일. (생4-2, 82쪽)
　예) 재활용이 가능한 쓰레기는 ○○○○ 해야 해요.

5. 물에서 사는 범. 천연기념물 제331호. (생4-2, 75쪽)
　예) ○○은 물개와 닮았으나 잿빛 바탕에 검은 점이 나 있어요.

6. 손으로 몸을 주물러 피의 순환을 도와주는 일. (생4-2, 66쪽)
　예) 일하느라 힘드신 아버지의 어깨를 ○○해 드렸어요.

9. 슬픈 결말을 맺는 극. (생4-2, 93쪽)
　예) 로미오와 줄리엣은 셰익스피어의 4대 ○○ 작품에 속하지 않아요.

10. 몸 밖으로 배설되는 물질. (생4-2, 85쪽)
　예) ○○○에는 똥, 오줌, 땀 등이 있어요.

93

가로 열쇠

2. 어떤 자리에서 느껴지는 기분. (읽4-2, 5쪽)
   예) 이 시의 ○○○는 정말 포근해요.

4. 급하지 않고 느리게. (읽4-2, 135쪽)
   예) 뚱보 아저씨는 뒷짐을 지고 ○○○ 걸었어요.

5. 주춧돌 위에 받치는 나무. (읽4-2, 37쪽)
   예) [속담] ○○보다 서까래가 더 굵다.

7. 피하여 달아남. (읽4-2, 117쪽)
   예) [속담] 쥐도 ○○갈 구멍을 보고 쫓는다.

8. 쪼개지 않은 그대로의 상태. (읽4-2, 154쪽)
   예) 통닭 한 마리가 ○○○로 식탁에 올라왔어요.

세로 열쇠

1. 여러 사람을 높여 부르는 말. (읽4-2, 43쪽)
   예) ○○○, 모두 부자 되세요!

3. 농사일이 매우 바쁜 시기. (읽4-2, 30쪽)
   예) 바쁜 ○○○에는 부지깽이도 일어나 일을 돕는대요. [반대말] 농한기

▶정답은 98쪽에

4. 나라에서 특별히 법으로 정해 보호하는 귀한 동식물. (읽4-2, 90쪽)
   예 우리나라의 ○○○○○ 1호는 대구 도동의 측백나무숲이에요.

6. 희망을 잃음. (읽4-2, 139쪽)
   예 소풍을 못 가게 되어 ○○이 이만저만이 아니었어요. [비슷한 말] 실의

7. 꽁지는 짧고 날개는 긴 나그네새. (읽4-2, 90쪽)
   예 ○○○는 긴 부리로 갯벌에 있는 물고기를 잡아먹어요.

9. 길이의 단위. m. (읽4-2, 12쪽)
   예 친구들과 100 ○○ 달리기를 했는데 꼴찌했어요. [영어] meter

가로 열쇠

1. 생선을 파는 시장. (사탐4-2, 18쪽)
   예 부산의 대표적인 ○○○은 자갈치 시장이에요.

3. 전세를 얻는 값. (사탐4-2, 80쪽)
   예 도시에서는 ○○○이 비싸 살기 힘들어요. [비슷한 말] 전셋돈

5. 적은 수의 사람. (사탐4-2, 110쪽)
   예 사회적 약자인 ○○○에 대한 편견이 없어졌으면 좋겠어요.

8. 고기를 가공하여 만들어 낸 물품. (사탐4-2, 57쪽)
   예 햄은 돼지고기를 소금에 절여 훈연해 만든 대표적인 ○○○○이에요.

11. 아버지의 형제자매의 아들딸. (사탐4-2, 54쪽)
    예 [속담] ○○이 땅을 사면 배가 아프다.

세로 열쇠

2. 김, 굴, 생선 따위를 인공적으로 기르는 곳. (사탐4-2, 53쪽)
   예 물고기를 가두어 기르는 곳을 가두리 ○○○이라고 해요.

4. 돈을 받고 옷을 세탁해 주는 곳. (사탐4-2, 44쪽)
   예 더러워진 교복을 ○○○에 맡겼어요.

▶ 정답은 98쪽에

6. 수도를 중심으로 이루어진 대도시권. (사탐4-2, 61쪽)
   예 서울을 중심으로 한 ○○○ 인구는 2,000만 명이 넘어요.

7. 피할 수 없음. (사탐4-2, 96쪽)
   예 ○○○한 사정이 생겨 약속을 못 지킬 것 같아요.

9. 물건의 질. (사탐4-2, 9쪽)
   예 물건을 살 때에는 ○○과 가격, 디자인을 따져 봐야 해요.

10. 남을 위해 대변해 주는 일을 하는 사람. (사탐4-2, 23쪽)
   예 나의 장래희망은 국제 ○○○예요.

97

생각 샘터

독수리

어떤 사람이 독수리 알을 발견하고는, 자기 집의 닭장 안에 가져다 놓았어요.

그 후 알에서 깨어난 독수리 새끼는 다른 병아리와 함께 자랐어요. 그리고 일생 내내 독수리는 닭이 하는 짓을 하며 스스로 닭이라고만 여겼어요. 땅바닥을 긁어 벌레를 잡아먹고, '꼬꼬댁 꼬끼오' 소리를 내며 날개를 푸드덕거렸지요.

세월이 가서 독수리가 매우 늙었어요. 어느 날, 늙은 독수리가 무심코 하늘을 쳐다보니 멀리 구름 한 점 없는 하늘에 큼직한 새가 떠돌고 있었어요. 세찬 바람결 속에서도 우아하고도 위풍당당한 모습이었어요.

늙은 독수리는 경외심에 가득 차서는 옆에서 모이를 쪼고 있는 닭에게 물었어요.

"저분이 누구야?"

"어, 저분은 새들의 왕이신 독수리님이야."

닭이 말했어요.

"하지만 엉뚱한 생각일랑 집어치워! 너나 나나 그분과는 다른 신분이니."

이리하여 독수리는 아예 딴 생각일랑 하지 않았고, 끝까지 자기는 닭이라고만 생각하다가 죽었어요.

 **생각해 볼까요?**

자기 발전을 위해 노력하지 않은 독수리는 어떻게 되었나요?

10단계

🧒 가로 열쇠

2. **문서에 찍어 증거로 삼는 물건.** (미3·4, 88쪽)
   - 예 당근으로 별 모양의 ○○을 파서 무늬를 찍었어요. [비슷한 말] 인장

3. **힘을 겨루는 일.** (체4, 47쪽)
   - 예 우리나라는 태권도와 같은 ○○ 종목의 금메달이 가장 많아요.

6. **남색과 자주색의 중간색.** (미3·4, 9쪽)
   - 예 ○○색은 왕족들만 사용할 수 있었던 특수층의 칼라였어요.

8. **가사에 가락을 붙이는 일.** (음4, 20쪽)
   - 예 안익태는 애국가를 ○○한 분이에요.

11. **온 몸에 피를 보내 주는 기관.** (체4, 16쪽)
    - 예 엔진은 자동차의 ○○이에요.

🧒 세로 열쇠

1. **사냥하는 모습을 그린 그림.** (미3·4, 114쪽)
   - 예 무용총의 벽화에 그려진 ○○○는 고구려인의 기개를 엿볼 수 있어요.

4. **기원 원년 이전.** (체4, 17쪽)
   - 예 ○○○은 B.C(Before Christ)로 예수가 탄생하기 전이라는 뜻이에요.

100

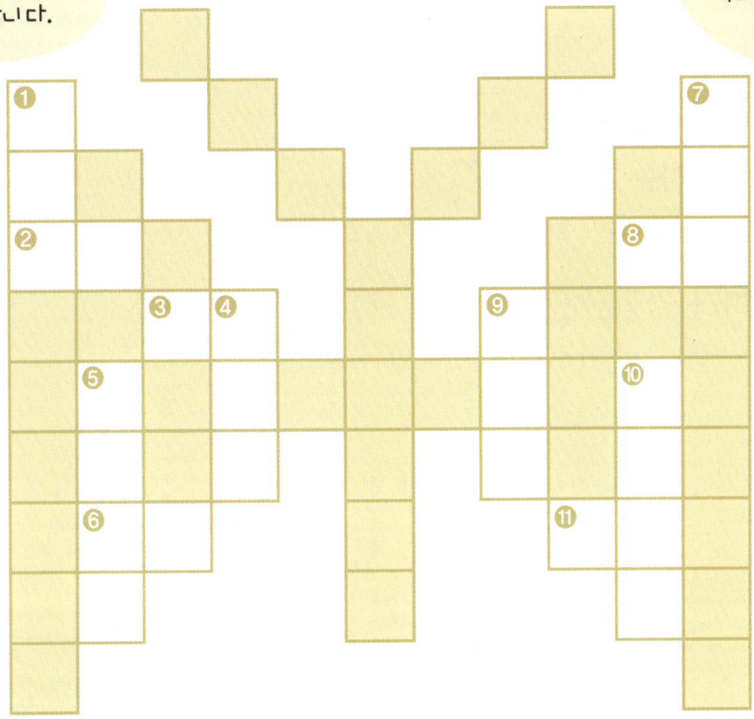

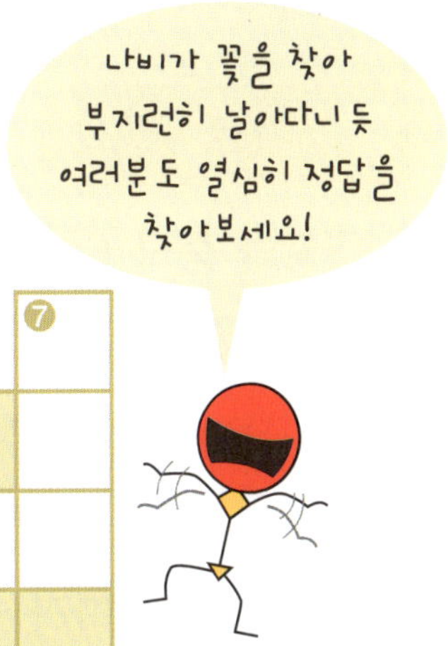

5. **미륵불로 나타나 중생을 구한다는 보살.** (미3·4, 115쪽)
   예 금동○○○○반가상은 손가락을 살짝 뺨에 대고 생각하는 모습이에요.

7. **행진할 때 쓰는 곡.** (음4, 77쪽)
   예 신부가 입장할 때는 바그너의 결혼 ○○○을 연주해요.

9. **물감을 물에 풀어 그린 서양화.** (미3·4, 73쪽)
   예 수묵화는 먹으로, ○○○는 물감을 이용해 그림을 그려요.

10. **하늘 아래 최고로 힘이 센 장사.** (체4, 46쪽)
    예 [만화 영화] 기운 센 ○○○○ 무쇠로 만든 사람~

10단계

🧡 가로 열쇠

2. **인도와 중국 티베트 사이에 있는 산맥.** (생4-2, 77쪽)
   예) 8,848m의 에베레스트는 ○○○○의 최고봉이에요.

4. **연기를 통해 전달하는 무대 예술.** (생4-2, 15쪽)
   예) 학예회에서 '금도끼 은도끼' ○○을 하기로 하였어요.

6. **휴전 협정에 따라 결정된 군사경계선.** (생4-2, 99쪽)
   예) 이산가족은 ○○○이 가로막혀 서로 만나지 못하고 있어요.

7. **몸의 병.** (생4-2, 76쪽)
   예) 지구의 온도가 1도 상승하면 매년 30만 명이 ○○으로 사망한대요.

9. **돈을 써서 없앰.** (생4-2, 83쪽)
   예) 녹색 ○○는 환경을 생각하는 소비예요.

🧡 세로 열쇠

1. **제품을 홍보하기 위해 지은 건물.** (생4-2, 91쪽)
   예) 환경부 사이버 ○○○에 들어가 쓰레기 제거 작전 게임을 했어요.

3. **학질모기에게 물려 감염되는 법정 전염병.** (생4-2, 77쪽)
   예) 지구 온도가 4도 상승하면 8,000만 명이 ○○○○로 사망한대요.

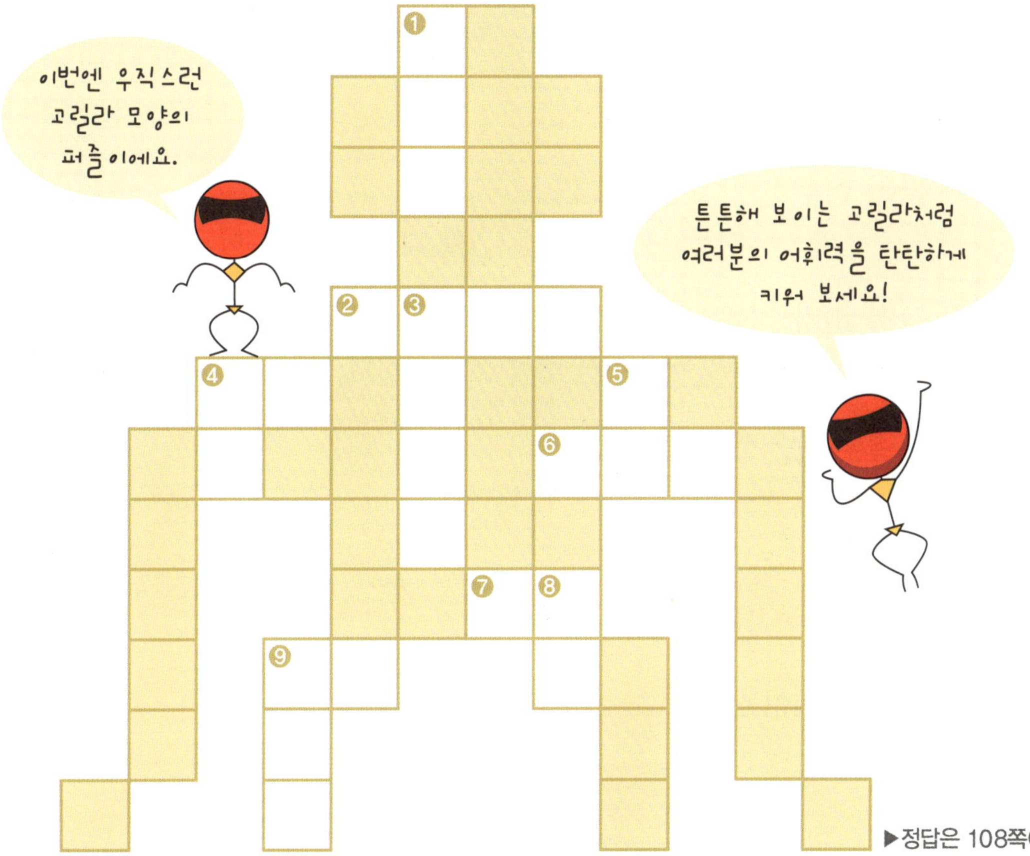

4. 되풀이하여 익힘. (생4-2, 15쪽)
　　예 연주를 잘하려면 꾸준히 ○○하는 수밖에 없어요.

5. 어떤 일을 이루기 위한 방법. (생4-2, 86쪽)
　　예 이성계는 왜구 소탕 ○○으로 이름을 날린 장수였어요.

8. 물건을 가리기 위해 방 안에 치는 물건. (생4-2, 102쪽)
　　예 [속담] ○○에 그린 꽃이 향기 나랴.

9. 쓰레기를 태우는 곳. (생4-2, 74쪽)
　　예 주민들은 쓰레기 ○○○이 들어서는 것을 반대했어요.

10단계

🟠 가로 열쇠

2. **산과 물이 어우러진 그림.** (읽4-2, 32쪽)
   예) 겸재 정선의 인왕제색도는 실경○○○를 대표하는 걸작이에요.

4. **결코 그럴 리가 없음.** (읽4-2, 132쪽)
   예) [속담] ○○○ 바빠도 바늘허리 매어 쓰지 못한다.

5. **여자가 결혼하는 것.** (읽4-2, 8쪽)
   예) [속담] 자식은 ○○ 장가 보내 봐야 안다.

7. **무기를 부리는 기술.** (읽4-2, 137쪽)
   예) 바보 온달은 열심히 ○○를 연마하였어요. [비슷한 말] 무술

8. **농업에 의해 생산된 것.** (읽4-2, 96쪽)
   예) 풍년이 들었지만 ○○○의 가격은 오히려 떨어졌어요.

🟠 세로 열쇠

1. **바위로 뒤덮인 산.** (읽4-2, 143쪽)
   예) 만물상은 금강산에 있는 ○○○이에요.

3. **생활 속의 모습을 꾸밈없이 그린 그림.** (읽4-2, 32쪽)
   예) 김홍도는 서민들의 모습이 담긴 ○○○를 그렸어요.

▶정답은 108쪽에

4. 척박한 땅에서도 잘 자람. 꿀을 제공함. (읽4-2, 9쪽)
   예) ○○○○○는 아카시아나무로 잘못 알려져 있어요.

6. 남의 소유물이 되어 부림을 당하는 사람. (읽4-2, 49쪽)
   예) 링컨 대통령은 ○○ 해방을 반대하는 사람들과 맞서 싸웠어요.

7. 광주광역시에 있는 산. 억새밭과 수박으로 유명해요. (읽4-2, 130쪽)
   예) ○○○ 수박은 '푸랭이'라고도 불러요.

9. 여러 가지 모양을 갖추고 있는 모든 것. (읽4-2, 101쪽)
   예) [속담] 주인 없는 ○○ 찾기.

10단계

🏻 가로 열쇠

1. 서울과 부산을 잇는 철도. 444.5km. (사탐4-2, 67쪽)
   - 예) 여객 수송량이 가장 많은 철도는 ○○○이에요.

3. 교통에 이용하는 길. (사탐4-2, 43쪽)
   - 예) ○○○의 발달로 인해 덩달아 산업도 발전해요.

5. 표시하는 제도. (사탐4-2, 43쪽)
   - 예) 원산지 ○○○를 어기면 3,000만 원 이하의 벌금을 물어요.

8. 농사도 짓고 어업도 함께 하는 일. (사탐4-2, 58쪽)
   - 예) 섬지방의 주민들은 대부분 ○○○○에 종사해요.

11. 재주가 뛰어난 사람. (사탐4-2, 26쪽)
    - 예) 유일한 박사는 가족이 아닌 유능한 ○○에게 사장직을 물려주었어요.

🏻 세로 열쇠

2. 서울과 인천 사이를 잇는 철도. 33.2km. (사탐4-2, 67쪽)
   - 예) ○○○은 우리나라 최초의 철도예요.

4. 통계 결과를 나타낸 표. (사탐4-2, 18쪽)
   - 예) 인구의 변화는 ○○○를 보면 알 수 있어요.

6. 텔레비전 방송을 시청하는 사람. (사탐4-2, 36쪽)
   - 예) 지금 이 방송을 보고 계시는 ○○○ 여러분, 안녕하십니까?

7. 벼를 심어 가꾸는 일. (사탐4-2, 51쪽)
   - 예) 계속되는 가뭄으로 인해 ○○○가 흉작이에요.

▶정답은 108쪽에

9. 물고기를 잡거나 기르는 산업. (사탐4-2, 18쪽)

예) 잡는 ○○에서 기르는 ○○으로 변모해 가고 있어요.

10. 인터넷 전산망. (사탐4-2, 111쪽)

예) ○○○으로 은행에 예금을 하고, 좌석도 예약할 수 있어요.

107

10단계 정답

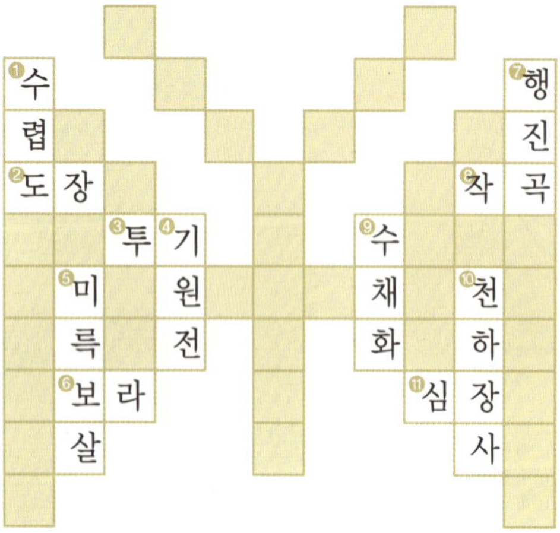

▶101쪽

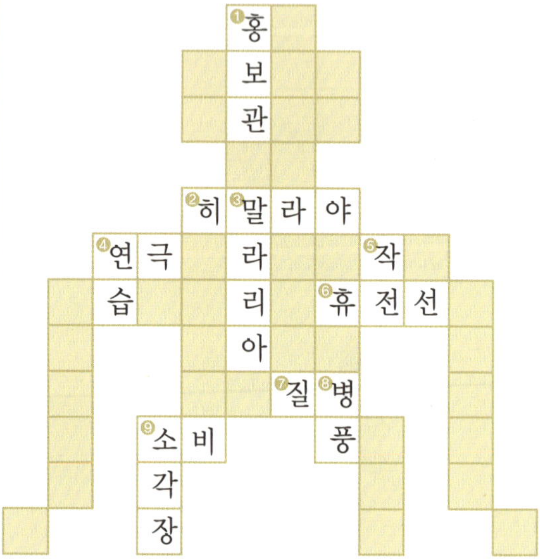

▶103쪽

▶105쪽

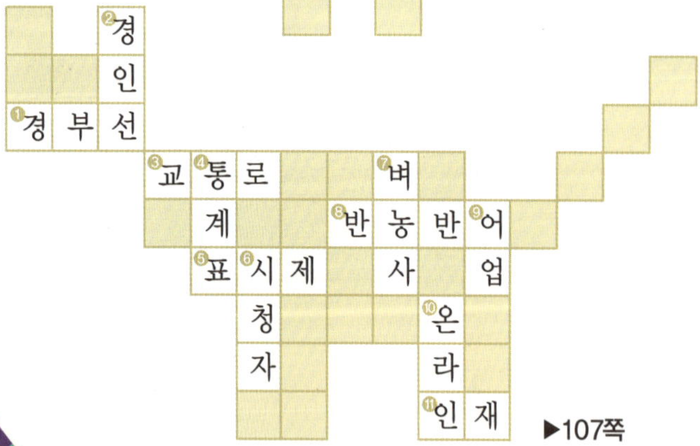

▶107쪽

친구들~ 고지가 얼마 안 남았으니 힘내자!!

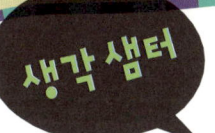

물독과 까마귀

　찌는 듯이 무더운 여름날이었어요.
　목이 몹시 말라 죽게 된 까마귀 한 마리가 물을 찾아다니다가 간신히 물독을 하나 발견했어요.
　"아, 이제 살았다! 저 물독에는 물이 있겠지?"
　까마귀는 기뻐하며 물독으로 날아갔어요. 하지만 독 안에는 물이 조금밖에 없었어요. 까마귀는 독 앞에 앉아 목을 길게 뽑아 물을 먹으려고 했지만 부리가 물에 닿지 않았어요.
　"아, 이거 어떻게 하면 좋지? 가까스로 물을 찾았는데 먹을 수가 없으니……."
　까마귀는 가만히 생각해 보았어요.
　이윽고 까마귀는 물독 주위에 있는 돌을 물어다가 하나하나 독 안에 집어넣었어요. 그러자 돌에 밀린 물이 차츰차츰 위로 올라와 나중에는 부리가 닿을 만큼 물이 차올랐어요. 까마귀는 그제서야 물을 먹었어요.
　'야아, 살 것 같다. 이렇게 맛있는 물은 처음 먹어 보는구나.'
　까마귀는 머리를 써서 타는 목을 축인 것이에요.

까마귀에게 배울 점은 무엇인가요?

🙂 가로 열쇠

2. 땅 위의 일정한 점. (체4, 54쪽)
   예) 저 산봉우리가 바로 우리가 도착할 ○○이에요.

3. 색을 섞음. (미3·4, 16쪽)
   예) 물감은 다른 색끼리 ○○하면 할수록 어두워져요.

6. 미를 표현하는 예술. (미3·4, 24쪽)
   예) 내가 제일 좋아하는 교과는 ○○이에요.

8. 걸리는 시간이 짧게. (체4, 21쪽)
   예) [속담] 걱정이 많으면 ○○ 늙는다.

9. 음의 장단과 강약이 규칙적으로 반복되는 것. (음4, 20쪽)
   예) 멜로디, 하모니, ○○을 음악의 3요소라고 해요. [영어] rhythm

🙂 세로 열쇠

1. 허벅다리 안쪽의 살이 깊은 곳. (체4, 65쪽)
   예) 샅바의 고리는 자기 ○○○ 둘레보다 조금 크게 매는 게 좋아요.

4. 색을 둥그렇게 배열한 표. (미3·4, 9쪽)
   예) 미국의 화가 먼셀이 고안한 20 ○○○을 주로 써요. [비슷한 말] 색환

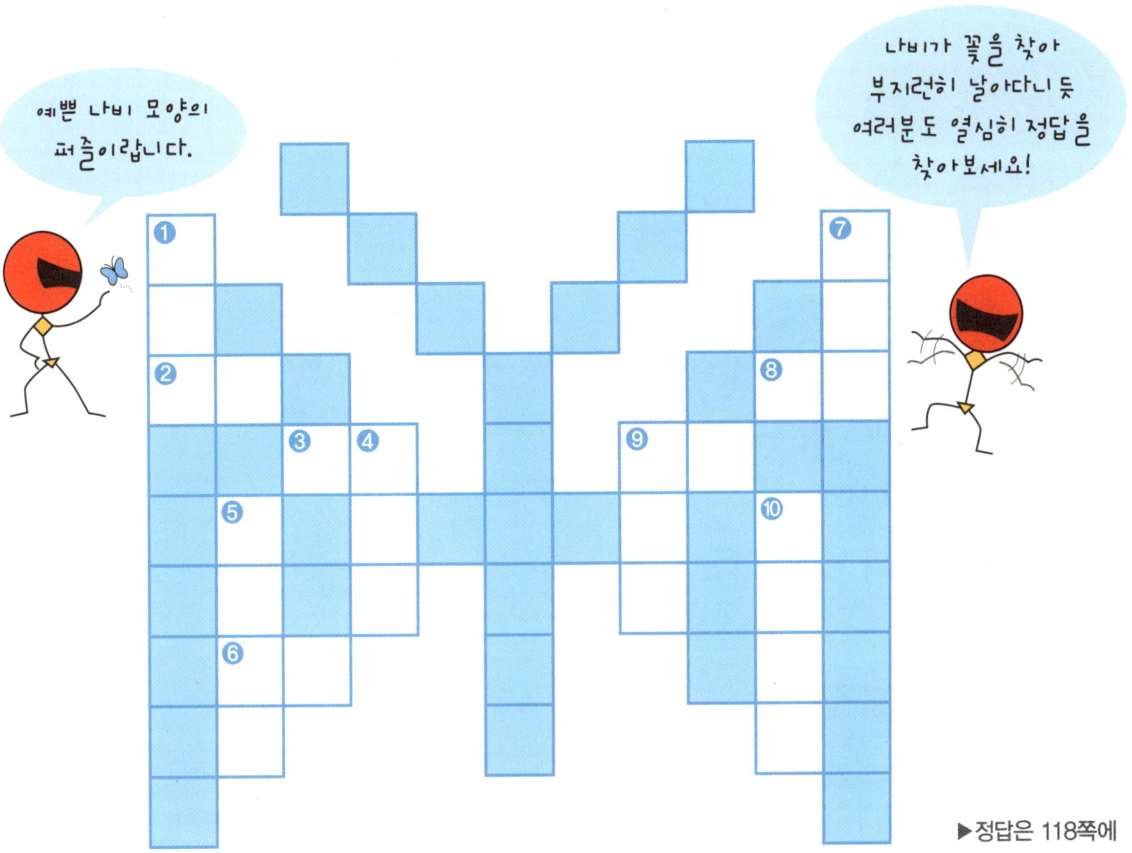

예쁜 나비 모양의 퍼즐이랍니다.

나비가 꽃을 찾아 부지런히 날아다니듯 여러분도 열심히 정답을 찾아보세요!

▶정답은 118쪽에

5. 사각뿔 모양의 거대한 왕의 무덤. (미3·4, 8쪽)
   예 세계에서 제일 규모가 큰 쿠푸왕의 ○○○○를 보았어요.

7. 먼 거리. (체4, 17쪽)
   예 마라톤은 가장 오래 달리는 ○○○ 경주 종목이에요. [비슷한 말] 원거리

9. 피리와 같이 세로로 부는 목관악기.
   (음4, 11쪽)
   예 ○○○는 목관악기 중 가장 오래된 형태의 악기예요. [영어] recorder

10. 손을 잡고 원을 도는 민속놀이. (음4, 46쪽)
   예 [민요] 전라도 우수영은 ○○○○ 우리 장군 대첩지라 ○○○○~

111

11단계

가로 열쇠

2. **태평양의 남부.** (생4-2, 92쪽)
   예) 네덜란드 해군 제독은 ○○○○을 항해하다가 이스터 섬을 발견했어요.

3. **생명체에 영향을 주는 감염체.** (생4-2, 41쪽)
   예) 러브 ○○○○는 전 세계 컴퓨터 500만 대를 감염시켰어요.

5. **타자기의 글자를 치는 것.** (생4-2, 30쪽)
   예) 내 짝은 우리 반에서 ○○를 치는 속도가 제일 빨라요.

6. **먹을 것이 없어 배를 곯음.** (생4-2, 65쪽)
   예) 유니세프 ○○ 어린이 돕기 모금 운동본부에 성금을 보냈어요.

8. **어떤 사실을 전하는 글.** (생4-2, 32쪽)
   예) 문자 ○○○를 보낼 때는 이름을 적어 보내야 해요.

10. **더럽게 물듦.** (생4-2, 72쪽)
    예) 쓰고 남은 식용유를 배수구에 쏟아 버리면 수질이 ○○돼요.

세로 열쇠

1. **생물이 서로 영향을 주고받으며 살아가는 것.** (생4-2, 77쪽)
   예) 지구의 온도가 5도 상승하면 해양 ○○○가 파괴된대요.

이번엔 우직스런 고릴라 모양의 퍼즐이에요.

튼튼해 보이는 고릴라처럼 여러분의 어휘력을 탄탄하게 키워 보세요!

▶정답은 118쪽에

4. 이불과 요. (생4-2, 6쪽)
   예 [속담] ○○○○ 보고 발을 펴라.

7. 사람을 깔보거나 업신여김. (생4-2, 105쪽)
   예 우리와 피부 색깔이 다르다고 ○○하면 안 돼요.

9. 사람의 먹을거리. (생4-2, 106쪽)
   예 북한은 ○○ 사정이 점점 나빠지고 있대요. [비슷한 말] 양식

'보릿고개'라는 말은 이것이 없어서 생긴 말이야.

10. 오존을 포함하고 있는 대기층. (생4-2, 71쪽)
   예 ○○○은 태양으로부터 오는 강한 자외선을 막아 주는 역할을 해요.

113

가로 열쇠

1. 짚으로 지붕을 엮은 집. (읽4-2, 38쪽)
   - 예) 양반은 기와집, 서민들은 ○○○에서 살았어요.

3. 기뻐서 크게 부르짖는 소리. (읽4-2, 139쪽)
   - 예) 월드컵 4강 진출 소식에 전국이 ○○○으로 들썩였어요.

4. 확실하거나 분명치 않음. (읽4-2, 103쪽)
   - 예) '작자 ○○'은 누가 지었는지 모른다는 뜻이에요.

6. 풀 따위를 삶아 양념하여 무친 음식. (읽4-2, 141쪽)
   - 예) [속담] 처녀 때 ○○ 캐듯.

7. 더욱 심하다 못해. (읽4-2, 56쪽)
   - 예) 지각 하는 것도 모자라 ○○○ 결석까지 했어요.

세로 열쇠

2. 기와처럼 얇은 나뭇조각으로 지붕을 엮은 집. (읽4-2, 61쪽)
   - 예) ○○○은 화전민이 사용했던 집이에요. [비슷한 말] 너새집

3. 환경을 미화하는 데 종사하는 사람. (읽4-2, 19쪽)
   - 예) ○○○○○ 아저씨께서 거리를 청소해요.

5. 풀에서 나온 푸른 물. (읽4-2, 130쪽)
   - 예) 하얀 옷에 ○○이 들어 지워지지 않아요.

▶정답은 118쪽에

6. 남은 부분. (읽4-2, 139쪽)
   예 중요한 일은 내가 할 테니까 ○○○ 일은 네가 처리하렴.

8. 목의 아래 끝에서 팔의 위 끝에 이르는 부분. (읽4-2, 14쪽)
   예 [속담] ○○가 귀를 넘어까지 산다.

11단계

🟠 가로 열쇠

2. 규모가 작음. (사탐4-2, 58쪽)
　예) 우리 학교는 한 학급밖에 없는 ○○○ 학교예요.

4. 산기슭의 비탈진 곳. (사탐4-2, 52쪽)
　예) 산지촌에서는 ○○○을 이용한 계단식 논을 지어요.

6. 인터넷에서 도메인 이름을 가진 컴퓨터. (사탐4-2, 107쪽)
　예) 정신 건강을 해치는 유해 ○○○를 차단해야 해요.

8. 남녀를 차별하지 않고 똑같이 대하는 일. (사탐4-2, 87쪽)
　예) 세계에서 가장 ○○○○ 수준이 높은 나라는 아이슬란드예요.

11. 땅에 뿌리는 영양 물질. (사탐4-2, 46쪽)
　예) 화학 ○○를 사용하지 않는 친환경 농산물이 좋아요.

🟠 세로 열쇠

1. 벼를 찧는 일을 하는 곳. (사탐4-2, 55쪽)
　예) ○○○는 농촌에서 많이 볼 수 있는 시설이에요.

3. 규모가 큼. (사탐4-2, 58쪽)
　예) 바닷가에 ○○○의 공업단지가 조성되었어요.

5. 비행기를 조종하는 사람. (사탐4-2, 24쪽)

예 나는 우주 ○○○가 되는 것이 꿈이에요.

7. 다른 나라에 이주하여 사는 사람. (사탐4-2, 111쪽)

예 말이 잘 통하지 않아 ○○○들이 많은 어려움을 겪고 있어요.

9. 문서에 올림. (사탐4-2, 81쪽)

예 주민 ○○ 번호를 타인에게 절대 가르쳐 주면 안 돼요.

10. 연료를 사는 데 드는 비용. (사탐4-2, 32쪽)

예 대중교통을 이용하면 ○○○를 절감할 수 있어요.

정답

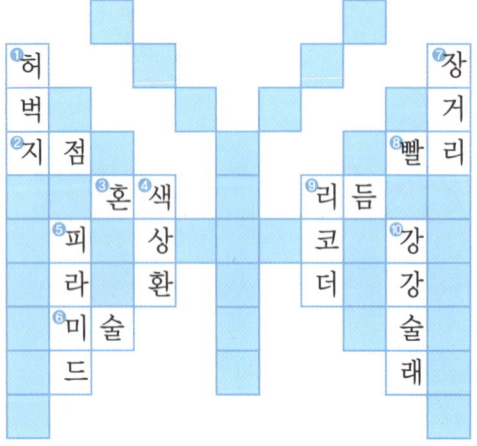
▶111쪽

▶113쪽

▶115쪽

▶117쪽

물은 처음 그대로

　어느 전장에서 한바탕 큰 전투를 치르고 난 후 한 부상당한 병사가 애타게 물을 찾고 있었어요.

　마침 군종 목사에게 얼마의 물이 남아 있었어요. 목사는 수통을 그 병사에게 건네주었어요. 병사는 무심코 그 물을 마시려고 하였어요. 그런데 그때, 병사는 모든 소대원들의 눈이 자기에게 집중되어 있는 걸 느꼈어요. 그들 또한 목이 타기는 마찬가지였지요.

　병사는 목마른 것을 꾹 참고 그 수통을 소대장에게 넘겨 주었어요. 소대장은 그 수통을 받아 들더니 입에 대고 꿀꺽꿀꺽 소리를 내며 물을 마셨어요. 그리고는 부상당한 병사에게 다시 그 수통을 돌려주었어요. 그런데 부상당한 병사가 마시려고 보니 물은 그대로였어요.

　그 병사는 소대장의 뜻을 짐작할 수 있었어요. 병사는 수통을 입에 대고 소대장처럼 꿀꺽꿀꺽 소리를 내며 맛있게 물을 마셨어요. 그리고서 수통은 다음 병사에게로 전해졌어요. 소대원들은 모두 꿀꺽꿀꺽 물을 마셨어요.

　마침내 수통은 군종 목사에게로 돌아왔어요. 그러나 수통의 물은 처음 그대로였어요. 이제 갈증을 느끼는 사람은 아무도 없었어요.

병사들은 왜 갈증을 느끼지 않았을까요?

12단계

🎀 가로 열쇠

2. 빛이 나타났다가 사라지는 모양. (음4, 66쪽)
   예 [동요] 멀리서 ○○이는 별님과 같이~

3. 강의 가장자리. (음4, 38쪽)
   예 [동요] ○○에서 부는 바람 시원한 바람~

6. 순서 있게 벌여 나가는 관계. (체4, 12쪽)
   예 [속담] 상두꾼에도 순번이 있고 초라니탈에도 ○○가 있다.

8. 살이 쪄서 뚱뚱함. (체4, 33쪽)
   예 섭취하는 영양소의 양이 신체 활동량보다 많으면 ○○이 되기 쉬워요.

10. 물고기를 먹이로 하며 사는 바다짐승. (미3·4, 41쪽)
    예 ○○는 개와 짖는 소리가 비슷하다고 하여 붙은 이름이에요.

🎀 세로 열쇠

1. 은으로 만든 쟁반. (음4, 42쪽)
   예 [동요] ○○○에 가득 담아 아가 옷 지어 볼까~

4. 가락의 흐름을 선으로 표현한 것. (음4, 45쪽)
   예 손으로 ○○○을 그리며 노래를 부르면 더 흥이 나요.

5. 제기를 차면서 노는 놀이. (체4, 143쪽)
   예 ○○○○는 겨울철에 즐겼던 민속놀이예요.

7. 줄을 이용하여 하는 씨름. (체4, 147쪽)
   예 ○○○은 힘겨루기를 하여 먼저 발이 떨어지면 지는 놀이예요.

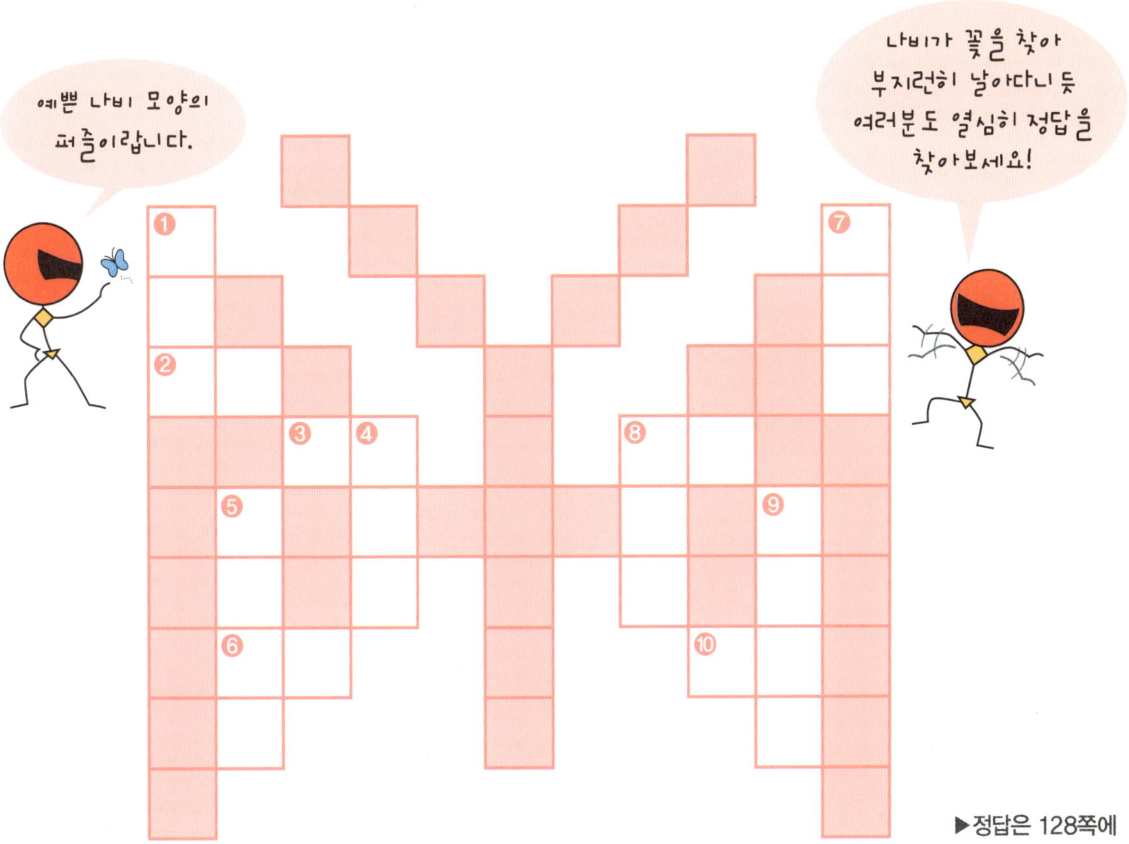

예쁜 나비 모양의 퍼즐이랍니다.

나비가 꽃을 찾아 부지런히 날아다니듯 여러분도 열심히 정답을 찾아보세요!

▶정답은 128쪽에

8. 동물이 성장하는 데 없어서는 안 될 영양소의 하나. (체4, 32쪽)

  예) 과일과 채소는 ○○○이 많이 들어 있는 음식이에요.

9. 바람에 뱅뱅 돌도록 만든 어린이 장난감. (미3·4, 91쪽)

  예) 평화누리 공원에 가면 수백 개의 ○○○○가 돌아가는 것을 볼 수 있어요.

12단계

가로 열쇠

2. 물개과 중에서 가장 큰 포유동물. 사자처럼 큰 소리를 냄. (생4-2, 75쪽)
   예) ○○○○는 북극 지방의 얼음이 둥둥 떠다니는 곳을 좋아해요.

4. 권하여 장려함. (생4-2, 106쪽)
   예) 학교에서 독서 100권 읽기 운동을 ○○하였어요.

5. 눈으로 물건을 볼 수 있는 능력. (생4-2, 60쪽)
   예) ○○이 나빠 뒤에 앉으면 칠판의 글씨가 안 보여요.

7. 자신을 드러내지 않고 행동하는 특성. (생4-2, 41쪽)
   예) ○○○을 이용해 타인의 명예를 훼손하는 댓글을 달면 안 돼요.

8. 결과에 이르게 된 까닭. (생4-2, 34쪽)
   예) 도대체 화를 내는 ○○가 뭐야? [비슷한 말] 원인

세로 열쇠

1. 방의 바닥. (생4-2, 115쪽)
   예) ○○○이 차가우니 아궁이에 군불 좀 지피거라.

3. 뱀장어처럼 긴 멸종위기종 어류. (생4-2, 75쪽)
   예) ○○○○는 등지느러미와 꼬리지느러미가 이어져 있어요.

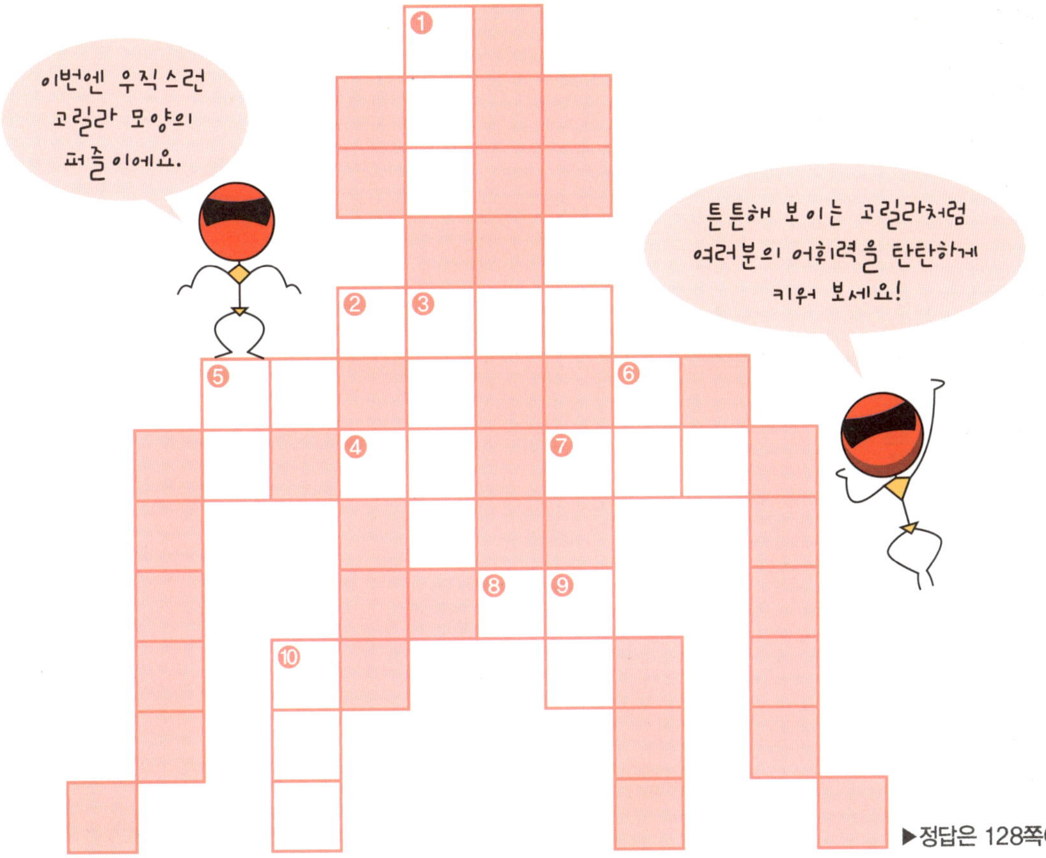

5. 도시에서 떨어져 있는 지역. (생4-2, 57쪽)
  예 [속담] ○○ 깍쟁이 서울 곰만 못하다.

6. 살아 있는 목숨. (생4-2, 39쪽)
  예 돈이나 명예보다 ○○이 더 중요해요.

9. 죽은 사람이 남겨 놓은 재산. (생4-2, 115쪽)
  예 조선왕조실록은 유네스코가 정한 세계기록문화○○이에요.

10. 새끼를 낳아 젖을 먹여 기르는 동물. (생4-2, 75쪽)
  예 오리너구리는 조류일까요, ○○○일까요?

123

🙂 가로 열쇠

2. 사랑으로 쓰는 집채. (읽4-2, 38쪽)
　예 ○○○는 바깥주인이 지내며 손님을 맞는 곳이에요.

4. 서로 상반되는 두 문장을 이어 줄 때 쓰는 접속사. (읽4-2, 116쪽)
　예 [속담] 부뚜막이 떨어지면 흙땜을 ○○○ 사람 못난 것은 고치기 힘들다.

5. 오직 그뿐. (읽4-2, 121쪽)
　예 [명언] 노병은 죽지 않는다. ○○ 사라질 뿐이다. – 맥아더 장군

7. 가정의 살림살이를 맡아 꾸려 가는 안주인. (읽4-2, 94쪽)
　예 채소값이 천정부지로 치솟아 ○○들의 한숨 소리가 높아갑니다.

8. 인터넷으로 만들어진 가상 공간. (읽4-2, 105쪽)
　예 우주과학관의 누리집을 찾아 ○○○ 여행을 떠나 보세요.

😠 세로 열쇠

1. 아버지 사도세자의 넋을 위로하기 위해 지은 절. (읽4-2, 34쪽)
　예 정조의 꿈에 여의주를 물고 승천하는 용이 나타나 ○○○라 지었대요.

3. 대문 옆에 있는 집채. (읽4-2, 38쪽)
　예 ○○○는 하인들이 지내는 곳이에요.

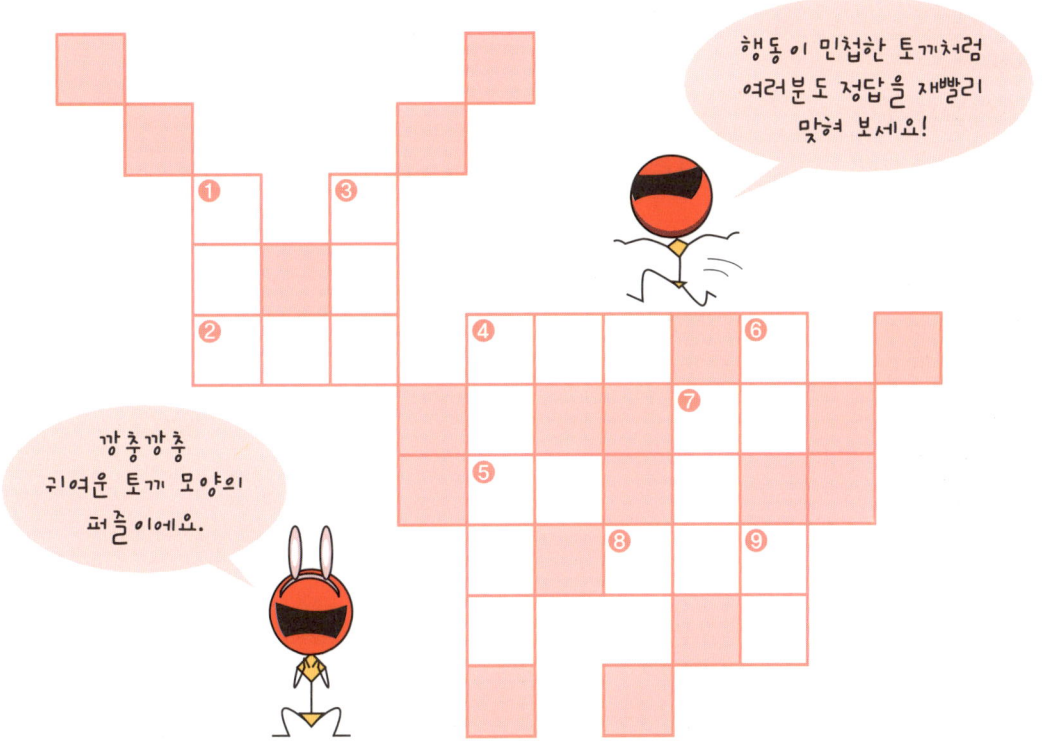

▶정답은 128쪽에

4. 날다람쥐류에 속하는 포유류. 천연기념물 제328호. (읽4-2, 53쪽)
   예 ○○○○○는 앞뒷다리 사이에 비막이 있어 하늘을 날 수 있어요.

6. 농사를 짓는 사람. (읽4-2, 94쪽)
   예 [속담] ○○는 두더지다.

7. 입을 속되게 이르는 말. (읽4-2, 141쪽)
   예 [속담] 학 깊은 집에 ○○○ 긴 개가 들어온다.

9. 오랫동안 반복해 몸에 익은 행동. (읽4-2, 59쪽)
   예 [속담] 제 ○○ 개 줄까.

125

12 단계

🙂 가로 열쇠

2. **자금을 융통하는 영업.** (사탐4-2, 18쪽)
   예) 영국은 ○○○이 발달한 나라예요.

3. **정보를 중시하는 방향으로 변화하는 것.** (사탐4-2, 23쪽)
   예) 다가오는 미래는 점점 ○○○ 사회로 변화할 거예요.

5. **상대가 되는 사람. 맞은편.** (사탐4-2, 103쪽)
   예) 허점을 노려 ○○○을 공격하면 이길 수 있어요. [비슷한 말] 상대방

8. **많은 사람이 이용하는 교통.** (사탐4-2, 29쪽)
   예) 버스와 지하철은 대표적인 ○○○○ 수단이에요.

11. **물질의 성질과 변화 등을 연구하는 학문.** (사탐4-2, 46쪽)
    예) 땅을 산성화시키는 ○○비료는 쓰지 말아야 해요.

😠 세로 열쇠

1. **등록할 때 내는 돈.** (사탐4-2, 33쪽)
   예) 학원의 ○○○이 너무 비싸 수강하기가 망설여졌어요.

▶ 정답은 128쪽에

4. **봇짐장수와 등짐장수.** (사탐4-2, 22쪽)
   예 '○○○'의 '보상'은 봇짐장수이고, '부상'은 등짐장수라는 뜻이에요.

6. **대규모로 이동하는 것.** (사탐4-2, 72쪽)
   예 추석은 민족의 ○○○이 이루어지는 큰 명절이에요.

7. **오염된 음식 섭취로 생기는 급성 소화기 질환.** (사탐4-2, 44쪽)
   예 상한 음식을 먹고 ○○○에 걸려 병원에 입원했어요.

9. **전신, 전화 등의 매체를 사용하여 소식을 전하는 것.** (사탐4-2, 23쪽)
   예 앞으로 성장 가능성이 큰 핵심 사업은 정보 ○○ 산업이에요.

10. **세계 여러 나라의 문화.** (사탐4-2, 87쪽)
    예 국제결혼의 증가로 인해 ○○○ 가정도 늘어나고 있어요.

정답

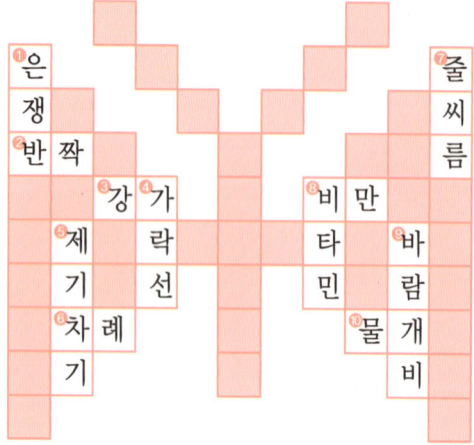
▶121쪽

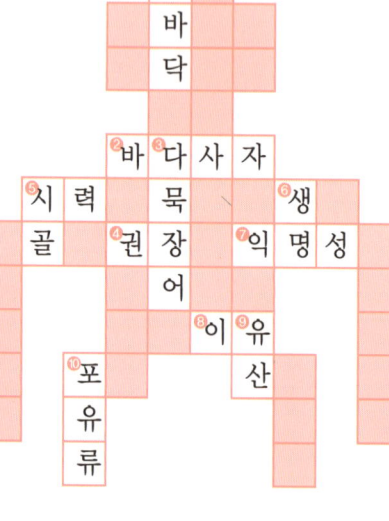
▶123쪽

▶125쪽

▶127쪽

생각 샘터

뱀의 머리와 꼬리 싸움

뱀의 머리가 자기 마음대로 돌아다니자, 머리의 뒤만 따라다니던 뱀의 꼬리가 머리에게 불평을 했어요.

"이봐, 머리야. 너는 항상 네 마음대로 앞서 가고, 나는 네 뒤만 따라다녀야 하니 이건 불공평하잖아?"

"꼬리야, 그건 어쩔 수 없어. 난 눈이 있어서 앞을 볼 수 있지만, 넌 어떻게 길을 찾니?"

그러더니 머리는 언제나처럼 자기가 가고 싶은 대로 길을 갔어요. 그러자 화가 난 꼬리가 마침 길가에 있던 나무를 칭칭 감아 버렸어요.

"흥, 어디 네 마음대로 가 보시지!"

머리가 아무리 애를 써도 꼼짝도 하지 않았어요.

"할 수 없구나. 그래, 꼬리 네 마음대로 한번 가 보렴."

그래서 마침내 꼬리가 앞서 가고, 머리가 뒤따라가게 되었어요. 항상 머리의 뒤만 따라다니던 꼬리는 기분이 좋았어요.

"이젠 내 세상이다. 이제야 머리에게 복수를 할 수 있게 되었어."

그러나 마구 앞으로 가던 꼬리는 앞을 볼 수 없어 갈팡질팡하다가 결국 절벽에서 떨어지고 말았어요. 그래도 꼬리는 계속 고집을 부리고 앞으로 가다가 마침내 불구덩이에 빠져 타 죽고 말았어요.

그때 꼬리는 다음과 같이 후회하며 죽어 갔어요.

"각자 자기 분수에 맞는 일을 해야 하는데……."

생각해 볼까요?

뱀의 머리와 꼬리가 각각 자기 분수를 지키는 것은 어떻게 하는 것인가요?

부록

어휘 활용력 키우기 수수께끼

1단계

1. 낱말의 뜻에 알맞은 글자를 □ 안에 써 넣으세요.

   (1)
   - 괭□ : 땅을 파내는 데 쓰이는 'ㄱ'자 모양의 농기구.
   - 기□기웃 : 무엇을 보려고 고개를 조금씩 기울이는 모양.
   - □또 : 옛날 고을의 우두머리를 높여 부르는 말.
   - 농□ : 주민의 대부분이 농업에 종사하는 지역.

   ✽ 글자를 모으면 어떤 글자가 만들어지나요? □□□□

   (2)
   - □명 : 일정한 지위나 임무를 남에게 맡김.
   - 청해□ : 장보고가 전라남도 완도에 설치했던 해군 군사기지.
   - □구 : 옛날 우리나라 해안을 무대로 노략질을 일삼던 일본 해적.
   - 피□민 : 난리를 피하여 다른 곳으로 가는 사람.

   ✽ 글자를 모으면 어떤 글자가 만들어지나요? □□□□

2. 낱말의 뜻에 알맞은 글자를 □ 안에 써 넣고 선으로 이으세요.

   (1)
   - ① 백전□승
   - ② □반수
   - ③ 요주□
   - ④ 화□민

   - ① 절반이 넘는 수.
   - ② 백 번 싸워서 백 번 다 이김.
   - ③ 정조가 사도 세자의 넋을 위로하기 위해 지은 절.
   - ④ 산에서 불을 지르고 그 자리를 파 일구어 농사를 짓는 사람.

   ✽ 글자를 모으면 어떤 글자가 만들어지나요? □□□□

(2)
- ① 커☐   •   • ① 키가 큰 사람의 별명.
- ② ☐략질 •   • ② 커피나무의 열매를 볶아 가루로 낸 것.
- ③ ☐다리 •   • ③ 떼를 지어 돌아다니며 재물을 강제로 빼앗는 짓.
- ④ 단☐   •   • ④ 음력 5월 5일. 4대 명절의 하나.

✽ 글자를 모으면 어떤 글자가 만들어지나요? ☐☐☐☐

 **수수께끼 한마디**

계절에 관계없이 사시사철 피는 꽃은?

정답 | 웃음꽃

2단계

3. 학급 회의는 어떤 순서로 하나요? 학급 회의 절차에 맞게 〈보기〉에서 알맞은 말을 찾아 쓰세요.

보기	국민의례 개회 결정 내용 발표 의제 제안 의제 선정 의제 토의 제안 설명 평가와 반성 폐회 표결 회의 공고

▶ 회의하기 전

① ( ) : 학급 회의에서 해결하여야 하는 문제를 제안합니다.
② ( ) : 제안된 의견들을 친구들에게 물어 학급 회의 주제를 정합니다.
③ ( ) : 학급 회의 시간과 주제를 친구들에게 알려 줍니다.

▶ 회의할 때

④ ( ) : 회장이 회의 시작을 알립니다.
⑤ ( ) : 국기에 대한 경례를 하고 애국가를 제창합니다.
⑥ ( ) : 의견을 제안한 친구가 제안한 내용과 그 까닭을 설명합니다.
⑦ ( ) : 학급 회의 주제에 대하여 궁금한 점을 묻고, 장단점에 대하여 토의합니다. 그리고 세부 실천 사항을 협의합니다.
⑧ ( ) : 세부 실천 내용에 대하여 친구들에게 찬성과 반대를 묻고, 그 수에 따라 결정합니다.
⑨ ( ) : 결정한 내용을 친구들에게 알립니다.
⑩ ( ) : 회장이 회의가 끝났음을 알립니다.

▶ 회의하고 나서

⑪ ( ) : 실천 결과를 점검하고 반성합니다.

4. 회의할 때 사용하는 말입니다. 낱말의 뜻으로 알맞은 것을 찾아 선으로 이으세요.

① 공고 • • ① 회의에서 의논할 주제.

② 의제 • • ② 공식적인 절차에 따라 친구들에게 알리는 일.

③ 재청 • • ③ 친구들에게 찬성과 반대의 의견을 물어 그 수에 따라 결정하는 방법.

④ 표결 • • ④ 다른 친구의 의견에 찬성한다고 표시하는 말.

 수수께끼 한마디

한국이 배출한 세계 최초의 여성 장군은?

정답 | 지하 여장군

5. 대화가 자연스럽게 이어지도록 〈보기〉에서 알맞은 말을 골라 말주머니에 채워 넣으세요.

> **보기**
> 합주는 어떤 곡으로 할 거니? / '종달새의 하루'를 합주할 거야. 나도 그 곡 좋아해. 리코더로 합주하면 더 멋질 것 같아. / 정말? 고마워

✱ 궁금한 점을 물어 봅니다.

✱ 함께 흥미나 관심을 가질 수 있는 이야깃거리로 말합니다.

6. 소개하는 말을 들을 때에는 어떤 표정을 짓고 어떤 몸짓을 해야 하는지 〈보기〉에서 알맞은 말을 찾아 빈칸에 써 보세요.

| 보기 | 친구, 미소, 고개, 소개, 눈, 말 |

(1) 친구와  을 맞춥니다.

(2) _____를 끄덕이거나 _____를 짓습니다.

수수께끼 한마디

호랑이에게 덤벼드는 용감한 개 이름은?

정답 | हंल्हे०)|रो

137

7. 밑줄 친 어려운 낱말을 쉬운 말로 바꾸어 써 보세요.

(1) 지구 온난화는 <u>지표</u> 근처의 <u>대기</u>와 바다의 평균 온도가 계속 <u>상승</u>하는 현상입니다.

- 지표 ⋯▶ **지구의 표면**
- ① 대기 ⋯▶ _____
- ② 상승 ⋯▶ _____

(2) 젊은 사람들이 도시로 빠져나간 촌락 지역에서는 일손 부족, <u>고령화</u>, <u>폐교</u> 등의 문제가 발생합니다.

- ① 고령화 ⋯▶ _____
- ② 폐교 ⋯▶ _____

8. 소영이의 발표 자료를 보고 친구들이 이해하기 쉽게 친환경 발전 방식에 대하여 조사하였습니다. 어려운 낱말을 찾아 쉬운 말로 바꾸어 써 보세요.

친환경 발전 방식 :
태양열 발전은 태양 에너지를 열로 변환하고 그 열을 이용하여 만든 수증기로 발전기를 돌려 전기를 얻는 방법이다. 풍력 발

전은 자연의 바람 에너지를 기계 에너지로 변환시켜 발전하는 방식이다. 조력 발전은 조수 간만의 차이로 발생하는 힘을 이용하여 수차 발전기를 돌려 전기를 얻는 방법이다.

(1) 친환경 ⋯▶ _____

(2) 변환하고 ⋯▶ _____

(3) 발전기 ⋯▶ _____

(4) 조수 간만 ⋯▶ _____

수수께끼 한마디

'박사와 학사는 밥을 많이 먹는다.'는 뜻의 사자성어는?

9. 밑줄 친 낱말은 된소리로 발음됩니다. 바르게 읽은 것에 ○표 하세요.

(1) 역도 선수가 역기 [역기] [역끼]를 든다.

(2) 동생은 네모난 딱지 [딱지] [딱찌]를 잘 접는다.

(3) 급식 반찬으로 깍두기 [깍두기] [깍뚜기]가 나왔다.

(4) 접시에 놓인 낙지 [낙지] [낙찌]가 꿈틀거린다.

(5) 동네 사람들, 늑대 [늑대] [늑때]가 나타났어요.

♣ 예사소리(평음) : 예사롭게 발음이 되는 닿소리를 말해요.
　(예) ㄱ, ㄷ, ㅂ, ㅅ, ㅈ

♣ 된소리(경음) : 되게 발음이 되는 닿소리를 말해요.
　(예) ㄲ, ㄸ, ㅃ, ㅆ, ㅉ

♣ 거센소리(격음) : 거세게 발음이 되는 닿소리를 말해요.
　(예) ㅊ, ㅋ, ㅌ, ㅍ,

10. 밑줄 친 낱말은 'ㄴ' 소리를 더하여 발음됩니다. 바르게 읽어 보세요.

한여름[한녀름]에 웬 솜이불이야?

(1) 맨잎[　　　　]으로 도와줄 수는 없지.

(2) 백화점에 가서 눈요기[　　　　]만 실컷 하고 왔어.

(3) 홑이불[　　　　]을 덮고 잤더니 감기에 걸렸어.

(4) 식용유[　　　　]로 튀긴 음식을 너무 많이 먹었나 봐.

합성어 및 파생어에서, 앞 단어의 끝이 자음이고 뒤 단어의 첫음절이 '이, 야, 여, 요, 유'인 경우에는, 'ㄴ' 음을 첨가하여 [니, 냐, 녀, 뇨, 뉴]로 발음해요.

색-연필[생년필]   솜-이불[솜니불]   식용-유[시굥뉴]
집안-일[지반닐]   한-여름[한녀름]   홑-이불[혼니불]
꽃-잎[꼰닙]   맨-입[맨닙]   막-일[망닐]   콩-엿[콩녇]

나폴레옹의 묘 이름은?

정답 | 롱스니악

6단계

11. 어울리는 낱말에 ○표 하세요.

(1) 낮말은 새가 듣고 밤말은 (해, 쥐)가 듣는다.

(2) 독서는 (상상력, 게으름)을 키워 준다.

(3) (단풍이, 토끼가) 울긋불긋 물든다.

(4) 부모님께 (우애, 효도)를 하여라.

(5) (공부, 친구)를 열심히 하자.

12. 〈보기〉의 낱말 중 다음 문장의 빈칸에 어울리는 낱말과 어울리지 않는 낱말을 고르고, 그 까닭을 말하여 보세요.

보기	문　　입　　책　　가방　　공부　　미술　　상자 실내화　　이야기　　지우개　　줄넘기　　팔씨름

나는 친구들과 교실에서 (　　　　)을(를) 하고 있었다.
그때 갑자기 〈　　　　〉이(가) 열리며 깜짝 놀랄 일이 벌어졌다.

(1) 어울리는 낱말 : (　　　　　) 〈　　　　　　　〉

　　그 까닭 :

　　---

(2) 어울리지 않는 낱말 : (   ) 〈   〉

그 까닭 :

수수께끼 한마디

세상에서 몸집이 제일 큰 여자의 이름은?

No.2는 대서양, No.3는 인도양인데, 이 둘을 합쳐도 나보다 작아!

13. 비슷한 느낌의 네 글자로 된 낱말을 읽고 어떤 때에 쓰이는지 바르게 연결해 보세요.

(1) 알콩달콩 　　 알쏭달쏭 　　 알록달록

그런 것 같기도, 그렇지 않은 것 같기도 하고 얼른 분간이 안 될 때.

아기자기하고 사이가 좋을 때.

여러 가지 빛깔이 고르지 않게 무늬를 이루었을 때.

(2) 와글와글 　　 방글방글 　　 능글능글

음흉하고 능청스러운 모양.

사람들이 한곳에 모여 떠드는 모양.

좋아서 입만 조금 벌리고 소리 없이 자꾸 웃는 모양.

14. 다음 ( ) 안에 앞의 비슷한 느낌의 네 글자 중 알맞은 낱말을 넣어 짧은 글을 완성해 보세요.

> 갓 결혼한 이모는 이모부랑 (**알콩달콩**) 재미있게 살아요.

(1) 수수께끼는 정말 (　　　　)해요.

(2) (　　　　)한 단풍이 설악산을 아름답게 수놓았어요.

(3) 아기가 (　　　　) 웃으면 찡그린 엄마의 얼굴도 덩달아 환해져요.

(4) 장터에는 사람들로 (　　　　) 시끄러워요.

(5) 일본 순사는 구렁이처럼 (　　　　)한 웃음을 지었어요.

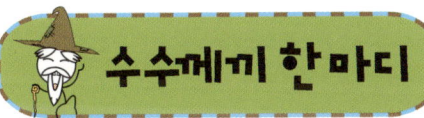

고개는 고개인데 가장 넘기 힘든 고개는?

8단계

15. 다음 문장을 보고 어떤 격언이 숨어 있는지 찾아보세요.

> **서양 속담** 먹을 일찍 새가 일어나는 먹이를 수 있다.
>
> ▶ 격언 : 일찍 일어나는 새가 먹이를 먹을 수 있다.
>
> ▶ 뜻 : 부지런하여야 무엇이든 이룰 수 있다는 뜻.

(1) **안중근** 입안에 책을 돋친다 하루라도 않으면 읽지 가시가

▶ 격언 : _____

▶ 뜻 : 항상 책을 열심히 읽어야 한다는 뜻.

(2) **공자** 걸어가면 세 사람이 나의 반드시 있다 스승이

▶ 격언 : _____

▶ 뜻 : 누구에게나 배울 점은 있다는 뜻.

16. 다음 격언들의 뒤에 올 내용을 〈보기〉에서 골라 적어 보세요.

> **보기**
> * 그러나 그 열매는 달다.
> * 1%의 영감으로 이루어진다.
> * 이는 말하기보다 듣기를 두 배로 하라는 뜻이다.

(1) **탈무드**   인간은 입이 하나 귀가 둘이 있다.

▶ _____

(2) **에디슨**   천재는 99%의 노력과

▶ _____

(1) **루소**   인내는 쓰다.

▶ _____

 수수께끼 한마디

굴리면 굴릴수록 커지는 것은?

17. 다음 문장을 읽고 알맞은 말에 ○표 하세요.

　(1) 외할머니 (댁, 집)은 어디에요?

　(2) 우리 할머니 (나이, 연세)는 99세입니다.

　(3) 선생님의 (말, 말씀)을 귀담아들어야 해요.

　(4) 우리 아버지 (성함, 이름)은 정성훈입니다.

　(5) 할아버지, (밥, 진지) 드세요.

> ♣ **높임말**은 웃어른께 하는 말로서 공경의 마음을 담아야 해요.
> ♣ **예사말**은 또래나 아랫사람에게 하는 말로서 보통 가볍게 쓰여요.
> ♣ **낮춤말**은 겸손함을 나타내는 말로서 자기를 낮추고자 할 때 쓰여요.

18. 다음 문장에서 밑줄 친 말을 바르게 고쳐 보세요.

> 아주머니, **내**가 도와드릴게요.
> ···▶ 제
> ------------------------

　(1) 아버지**가** 고장난 연필깎이를 열심히 고치고 계세요.

　　···▶
　　------------------------

(2) 선생님, 모르는 것을 **물어봐도** 되나요?

⋯▶ --------------------------------

(3) 어머니께서 할머니께 이것을 갖다 **주라고** 하셨어요.

⋯▶ --------------------------------

(4) 우리 집 강아지가 어제 **돌아가셨어요.**

⋯▶ --------------------------------

 **수수께끼 한마디** -----------------------

'우리에겐 내일이 없다'고 말한 것은?

10단계

19. 우리말에 원래부터 있던 말을 '순우리말'이라고 합니다. 요즈음에는 잘 쓰이지 않아 사라져 가는 아름다운 순우리말의 뜻을 알아보세요.

고즈넉하다
- 뜻 : 고요하고 아늑하다.
- 짧은 글 : 시골의 외할머니 댁은 저녁 무렵이 되면 고즈넉한 분위기가 감돌아요.

(1) **길라잡이**
- 뜻 :
- 짧은 글 : 우리는 길라잡이가 없어서 길을 헤맸어요.

(2) **바투**
- 뜻 :
- 짧은 글 : 책상을 바투 붙여 놓아 그 사이를 지나가기 힘들어요.

20. 아름다운 순우리말의 뜻에 알맞게 짧은 글 짓기를 해 보세요.

새참
- 뜻 : 일을 하다가 잠깐 쉬면서 먹는 음식.
- 짧은 글 : 모내기를 한 뒤에 먹는 새참은 꿀맛이에요.

(1) 여울

- 뜻 : 강의 바닥이 얕거나 폭이 좁아 물살이 세게 흐르는 곳.
- 짧은 글 :

(2) 시나브로

- 뜻 : 모르는 사이에 조금씩 조금씩.
- 짧은 글 :

 수수께끼 한 마디

눈 뜨고 잠자는 것은?

정답 : 눈뜨아

21. 모양이 바뀌는 낱말과 그 낱말의 기본형을 선으로 바르게 짝지어 보세요.

(1)
① 누워서
② 더워서
③ 물으니
④ 걸으니

① 덥다
② 눕다
③ 걷다
④ 묻다

(2)
① 밉다
② 예쁘다
③ 뜨겁다
④ 차갑다

① 뜨거워
② 예뻐
③ 차가워
④ 미워

22. 다음 낱말의 기본형을 찾아 ◯표를 하세요.

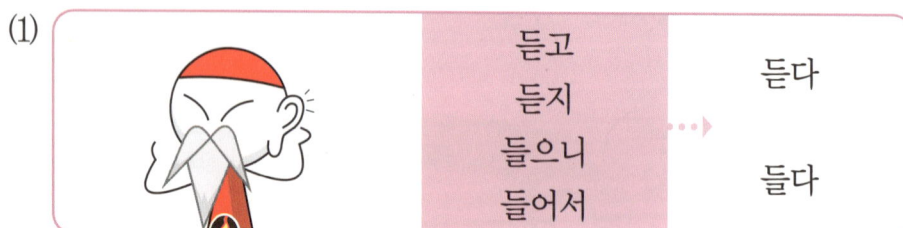

(1) 듣고 / 듣지 / 들으니 / 들어서 ···▶ 듣다 / 들다

(2) 싣고 / 싣는 / 실어 / 실으니 ···▶ 신다 / 싣다

(3)  굽고 / 굽는 / 구워 / 구우니 ⇢ 구우다 / 굽다

(4)  춥고 / 춥지 / 추워 / 추우니 ⇢ 추우니 / 춥다

(5)  아름답고 / 아름답지 / 아름다워 / 아름다우니 ⇢ 아름답다 / 아름다우다

 수수께끼 한마디

농촌에서 해마다 하는 내기는?

봄이 왔으니 내기나 할까?

그럼~! 올해도 해야지!

12단계

23. 어려운 낱말을 국어사전에서 찾아 그 뜻을 써 보세요.

오합지졸 ┄▶ 까마귀가 모인 것처럼 무질서하게 모인 병졸.

(1) 어진 ┄▶
(2) 온돌 ┄▶
(3) 규제 ┄▶
(4) 철폐 ┄▶
(5) 음영법 ┄▶
(6) 풍속화 ┄▶
(7) 도화서 ┄▶
(8) 호르몬 ┄▶
(9) 천연기념물 ┄▶

24. 빈칸에 알맞은 비슷한 말과 반대말을 다음 글에서 찾아 써 보세요.

씨름은 우리 민족이 오래 전부터 제례 행사의 여흥으로 즐겼던 놀이입니다. 특히, 음력 5월 5일 단오가 되면 마을마다 모래사장에 수많은 사람이 모여 힘겨루기 놀이를 보며 즐거워하였습니다. 씨름은 이처럼 민중 오락으로서 서민들의 각별한 사랑을 받았기 때문에 지금까지도 그 생명을 유지하고 있습니다.

낱말	비슷한 말	낱말	반대말
(1) 겨레 ···▶		(6) 너희 ···▶	
(2) 동네 ···▶		(7) 잠깐 ···▶	
(3) 평민 ···▶		(8) 미움 ···▶	
(4) 현재 ···▶		(9) 아까 ···▶	
(5) 목숨 ···▶		(10) 폐지 ···▶	

 수수께끼 한마디

네 쌍둥이가 공중에서 재주넘고 내려와 눕기도 하고 자빠지기도 하는 것은?

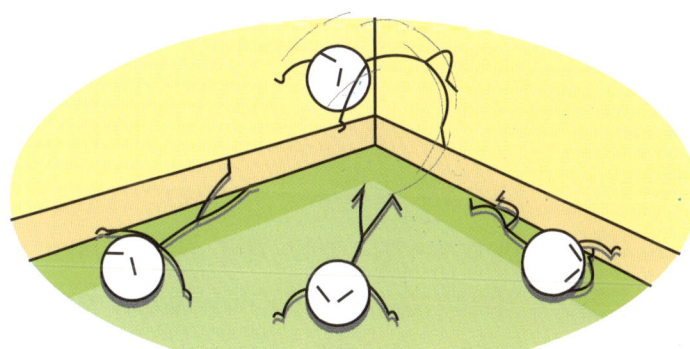

정답 | 윷

부록 정답을 알아보아요!

1단계

1. (1) 이, 옷, 사, 촌, 이웃사촌 (2) 임, 진, 왜, 란, 임진왜란 2. (1)①→②, ②→①, ③→③, ④→④, 백과사전 (2)①→②, ②→③, ③→①, ④→④, 피노키오

2단계

3. ① 의제 제안 ② 의제 선정 ③ 회의 공고 ④ 개회 ⑤ 국민의례 ⑥ 제안 설명 ⑦ 의제 토의 ⑧ 표결 ⑨ 결정 내용 발표 ⑩ 폐회 ⑪평가와 반성 4. ①→②, ②→①, ③→④, ④→③

3단계

5. ① 합주는 어떤 곡으로 할 거니? ② '종달새의 하루'를 합주할 거야. ③ 나도 그 곡 좋아해. 리코더로 합주하면 더 멋질 것 같아. ④ 정말? 고마워. 6. (1)눈 (2)고개, 미소

4단계

7. (1)①대기→공기 ②상승→올라가다 (2)①고령화→나이 든 사람이 젊은 사람보다 많아지는 것. ②폐교→문을 닫은 학교 8. (1)친환경→환경에 이로운 (2)변환하고→바꾸고 (3)발전기→전기를 만드는 기계 (4)조수 간만→밀물과 썰물

5단계

9. (1)역끼 (2)딱찌 (3)깍뚜기 (4)낙찌 (5)늑때 10. (1)맨닙 (2)눈뇨기 (3)혼니불 (4)시교ㅇ뉴

6단계

11. (1)쥐 (2)상상력 (3)단풍이 (4)효도 (5)공부 12. 〈예시〉(1)어울리는 낱말 : (공부) 〈문〉/ 그 까닭 : 교실은 학습 활동이 이루어지는 장소이기에 '(공부)를 하고'라는 표현이 잘 어울리고, 교실에는 앞문과 뒷문이 있기에 '〈문〉이 열리며'라는 표현이 잘 어울리다. 〈예시〉(2)어울리지 않는 낱말 : (책) 〈지우개〉/ 그 까닭 : 책은 그림이나 글로 표현한 것이기에 보거나 읽어야 하는데 '(책)을 하고'라는 표현이 잘 어울리지 않고, 지우개는 글씨나 그림 따위를 지우는 물건이기에 '〈지우개〉가 열리며'라는 표현은 어울리지 않는다.

7단계

13. (1)

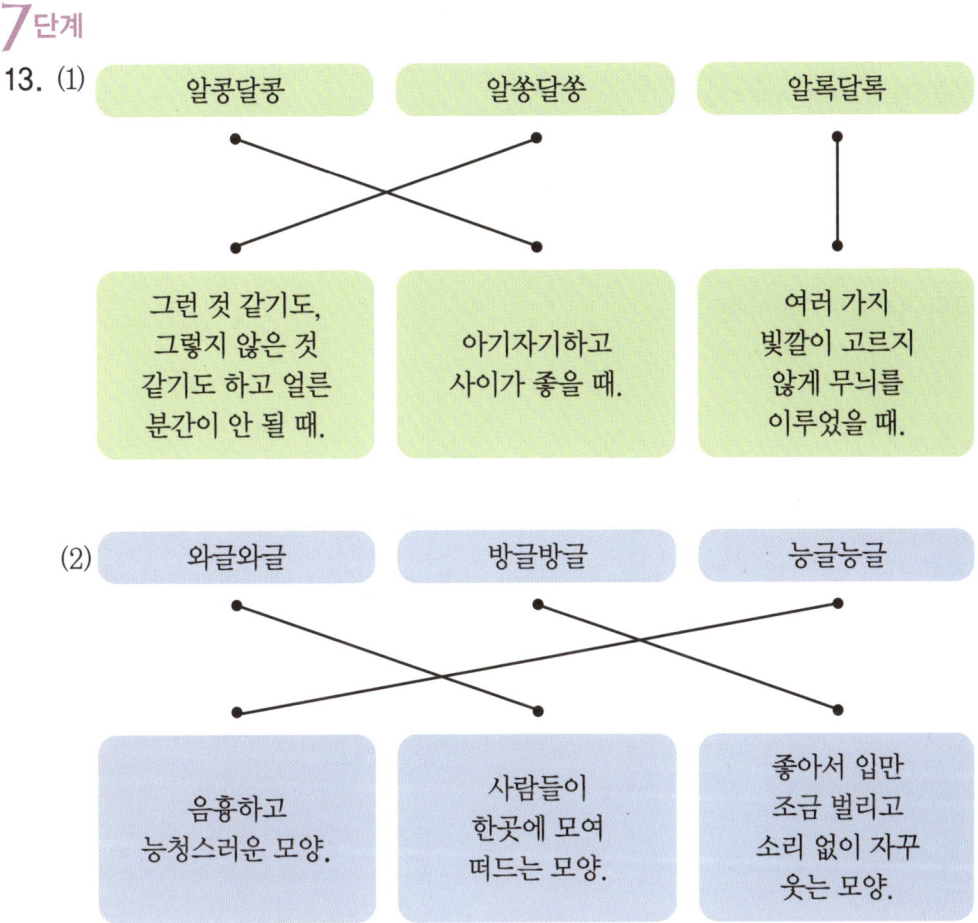

14. (1)일쏭달쏭 (2)알록달록 (3)방글방글 (4)와글와글 (5)능글능글

8단계

15. (1)하루라도 책을 읽지 않으면 입안에 가시가 돋친다. (2)세 사람이 걸어가면 반드시 나의 스승이 있다. 16. (1)이는 말하기보다 듣기를 두 배로 하라는 뜻이다. (2)1%의 영감으로 이루어진다. (3)그러나 그 열매는 달다.

9단계

17. (1)댁 (2)연세 (3)말씀 (4)성함 (5)진지 18. (1)께서 (2)여쭤 봐도 (3)드리라고 (4)죽었어요

부록 정답을 알아보아요!

10단계

19. (1) 길을 인도하는 사람 (2)가까이   **20.** 〈예시〉(1) 강의 여울에 놓여 있는 징검다리를 건넜어요. (2)봄이 시나브로 다가오고 있어요.

11단계

21. (1)①→②, ②→①, ③→④, ④→③ (2)①→④, ②→②, ③→①, ④→③   **22.** (1)듣다 (2)싣다 (3)굽다 (4)춥다 (5)아름답다

12단계

23. 〈예시〉(1)왕의 초상화 (2)화기가 방 밑을 통과하여 방을 덥히는 장치 (3)규칙을 세워 제한함 (4)그만 둠 (5)그림자로 입체감을 나타내는 방법 (6)일상적인 인간의 삶을 소재로 그린 그림 (7)조선 시대 때 그림에 관한 일을 맡아보던 관청 (8)신체의 내분비관에서 생성되는 화학 물질 (9)드물고 귀하여 나라에서 특별히 법으로 정하여 보호하는 동물, 식물, 광물   **24.** (1)민족 (2)마을 (3)서민 (4)지금 (5)생명 (6)우리 (7)오래 (8)사랑 (9)지금 (10)유지